utb 3290

Eine Arbeitsgemeinschaft der Verlage

Böhlau Verlag · Wien · Köln · Weimar
Verlag Barbara Budrich · Opladen · Toronto
facultas · Wien
Wilhelm Fink · Paderborn
A. Francke Verlag · Tübingen
Haupt Verlag · Bern
Verlag Julius Klinkhardt · Bad Heilbrunn
Mohr Siebeck · Tübingen
Nomos Verlagsgesellschaft · Baden-Baden
Ernst Reinhardt Verlag · München · Basel
Ferdinand Schöningh · Paderborn
Eugen Ulmer Verlag · Stuttgart
UVK Verlagsgesellschaft · Konstanz, mit UVK/Lucius · München
Vandenhoeck & Ruprecht · Göttingen · Bristol
Waxmann · Münster · New York

UTB Profile

Klaus Fröhlich-Gildhoff, Maike Rönnau-Böse

Resilienz

Mit 5 Abbildungen und 2 Tabellen
4., aktualisierte Auflage

Ernst Reinhardt Verlag München Basel

Prof. Dr. *Klaus Fröhlich-Gildhoff* und Prof. Dr. *Maike Rönnau-Böse* lehren und forschen an der Evangelischen Hochschule Freiburg i. Br.

Bibliografische Information der Deutschen Nationalbibliothek

Die Deutsche Nationalbibliothek verzeichnet diese Publikation in der Deutschen Nationalbibliografie; detaillierte bibliografische Daten sind im Internet über <http://dnb.d-nb.de> abrufbar.

UTB-Band-Nr.: 3290
UTB-ISBN 978-3-8252-4519-1
4., aktualisierte Auflage

© 2015 by Ernst Reinhardt, GmbH & Co KG, Verlag, München

Dieses Werk einschließlich seiner Teile ist urheberrechtlich geschützt. Jede Verwertung außerhalb der engen Grenzen des Urheberrechtsgesetzes ist ohne schriftliche Zustimmung der Ernst Reinhardt, GmbH & Co KG, München, unzulässig und strafbar. Das gilt insbesondere für Vervielfältigungen, Übersetzungen in andere Sprachen, Mikroverfilmungen und die Einspeicherung und Verarbeitung in elektronischen Systemen.

Lektorat / Redaktion im Auftrag des Ernst Reinhardt Verlags:
Ulrike Auras, München
Reihenkonzept und Umschlagentwurf: Alexandra Brand
Umschlagumsetzung: Atelier Reichert, Stuttgart
Satz: JÖRG KALIES – Satz, Layout, Grafik & Druck, Unterumbach

Printed in Germany

Ernst Reinhardt Verlag, Kemnatenstr. 46, D-80639 München
Net: www.reinhardt-verlag.de E-Mail: info@reinhardt-verlag.de

Inhalt

Einleitung

Hauptteil

1 Resilienz – Definition und Merkmale 9
2 Risiko- und Schutzfaktoren –
  ein Wechselwirkungsprozess 20
3 Resilienzfaktoren – personale Ressourcen............. 41
4 Prävention – Bedeutung und Wirkung 58
5 Praxis – Programme und Kurse zu Prävention
  und Resilienz..................................... 64

Anhang

Glossar.. 86
Literatur 89
Sachregister.. 100

Einleitung

Verstärkt seit den 1990er Jahren hat sich in Psychologie, Pädagogik und Gesundheitswissenschaften ein Wechsel der Blickrichtung vollzogen: Angestoßen durch Langzeitstudien, vor allen Dingen die Untersuchungen von Emmy Werner auf der Hawaii-Insel Kauai, und durch das Salutogenese-Konzept von Aaron Antonovsky, wird nicht mehr nur auf Ursachen und Bedingungen für die Entstehung psychischer Störungen oder Verhaltensauffälligkeiten geschaut, sondern es wird versucht, neben Risikofaktoren auch Schutzfaktoren zu identifizieren, die für die Entwicklung und den Erhalt seelischer und körperlicher Gesundheit maßgeblich mit verantwortlich sind. Dieser Perspektivenwechsel passt sich ein in Strategien der Weltgesundheitsorganisation (WHO), die Gesundheit in einem sehr umfassenden Sinne, nämlich als „Zustand vollkommenen körperlichen, geistigen und sozialen Wohlbefindens" definiert und entsprechende Programme und Konzepte zur Förderung von Gesundheit propagiert.

Zugleich ergeben sich aus dieser Sichtweise neue Dimensionen für die Präventionsforschung: Es geht nicht mehr nur darum (Fehl-) Verhaltensweisen zu minimieren oder Verhältnisse zu ändern, die bei Menschen zu Erkrankungen oder Störungen führen, sondern es geht ebenso darum, Bedingungen zur Förderung seelischer und körperlicher Gesundheit zu gestalten. Hierzu gehört auch die Entwicklung von Fähigkeiten zu einer gelingenden Lebensbewältigung, sogenannten „life skills", sowie zur Erlangung von Lebenszufriedenheit – insbesondere im Zusammenleben mit anderen Menschen.

In diesem Zusammenhang ist das Konzept der Resilienz, also der seelischen Widerstandskraft, entstanden und weiterentwickelt worden. Die Wurzeln für die Fähigkeit zur Resilienz werden schon in frühen Lebensjahren gelegt, und so hat die Förderung von Resilienz eine gewichtige Bedeutung für unterschiedlichste Disziplinen und Praxiszusammenhänge. Die Betrachtung von Schutzfaktoren, aber auch der Faktoren zu gelingender Lebensbewältigung, wie Resilienz, nimmt zunehmend in der Entwicklungspsychologie und klinischen Psychologie sowie innerhalb von Heil-/Sonderpädagogik breiteren Raum ein. Ebenso gewinnt in Sozialpädagogik bzw. Sozialarbeit das Thema Prävention und Resilienzförderung an Bedeutung: In diesen Disziplinen geht es zunehmend nicht mehr nur darum, benachteiligte oder (verhaltens-)auffällige Kinder, Familien und einzelne Erwachsene zu begleiten und zu unterstützen, sondern bereits im Vorfeld günstige Bedingungen für eine gesunde Entwicklung zu schaffen. Wesentliche Bedeutung gewinnen diese Interventionen in institutionellen Zusammenhängen, insbesondere in Kindertageseinrichtungen und Schulen – sie sollten deshalb integraler Bestandteil der Ausbildung von Lehrern und Frühpädagogen, bzw. Erziehern sein.

Das vorliegende Buch hat das Ziel, die grundlegenden Konzepte der Resilienz und Resilienzförderung verständlich darzustellen; dabei wird Bezug auf empirische Ergebnisse genommen. Weiterhin soll die Bedeutung des Resilienzkonzepts für die Praxis, insbesondere für pädagogische Zusammenhänge, verdeutlicht werden. Wir haben vielfältige Erfahrungen mit der Umsetzung von Resilienzförderung in Kindertageseinrichtungen und Schulen sammeln können und sind immer wieder begeistert von dem „Klimawechsel", den eine unterstützende, ressourcenfördernde und kompetenzstärkende Sicht für alle Beteiligten, also für Pädagogen ebenso wie für Kinder und Eltern, hat.

Nach den Definitionen von Resilienz und einem Überblick über relevante Studien, wird ausführlicher das Risiko- und Schutzfaktorenkonzept dargestellt, bevor dann im einzelnen zentrale Resilienzfaktoren (Selbstwahrnehmung, Selbstwirksamkeit, soziale Kompetenz, Selbststeuerung, Umgang mit Stress, Problemlösen) abgeleitet und vorgestellt werden. Ein Überblick über empirische Ergebnisse und den Forschungsstand zum Thema Prävention – und die Beschreibung von Anforderungen an Präventionsprogramme – führt schließlich zur Darstellung von Präventions- und Resilienzprogrammen und -kursen für unterschiedliche Altersstufen. Ein wichtiges Kriterium für die Auswahl dieser Programme war die sorgfältige empirische Absicherung; die Beispiele sollen Möglichkeiten der Förderung von Resilienz und Lebensbewältigungskompetenzen, auch im pädagogischen Alltag verdeutlichen.

Das Buch ist entstanden aus den Zusammenhängen des Zentrums für Kinder- und Jugendforschung an der Evangelischen Hochschule Freiburg. Es wäre nicht denkbar ohne die intensiven Diskussionen und die Zusammenarbeit im Team, besonders seien hier Eva-Maria Engel, Stefanie Pietsch, Simone Beuter, Jutta Kerscher-Becker und Sibylle Fischer gedankt.

Hauptteil

1

Resilienz – Definition und Merkmale

Wenn sich Personen trotz gravierender Belastungen oder widriger Lebensumstände psychisch gesund entwickeln, spricht man von Resilienz. Damit ist keine angeborene Eigenschaft gemeint, sondern ein variabler und kontextabhängiger Prozess. In verschiedenen Langzeitstudien auf der ganzen Welt wurden schützende (protektive) Fakto-ren festgestellt, die dazu beitragen, die Widerstandsfähigkeit gegenüber Belastungen zu unterstützen.

Der Begriff Resilienz leitet sich aus dem Englischen „resilience" ab und bedeutet „Spannkraft, Widerstandsfähigkeit und Elastizität". Damit ist die Fähigkeit eines Individuums gemeint, „erfolgreich mit belastenden Lebensumständen und negativen Stressfolgen" (Wustmann 2004, 18) umgehen zu können.

In der Literatur ist eine Vielzahl von Definitionen zu finden (z. B. Rutter 1990, Bender / Lösel 1998, Welter-Enderlin 2006).

Eine Definition von Resilienz hängt davon ab, welche Kriterien als Maßstab genommen werden. Es können externale und / oder internale Kriterien zugrunde gelegt werden, d. h., Resilienz wird anhand von Anpassungsleistungen an die soziale Umwelt verstanden, oder es werden explizit die inneren Befindlichkeiten mit berücksichtigt (Bengel et al. 2009).

Allgemein anerkannt im deutschsprachigen Raum ist die Begriffsbestimmung von Wustmann, die sowohl externale als auch internale Kriterien mit einbezieht und Resilienz zusammenfasst als

> **Definition**
>
> „die psychische Widerstandsfähigkeit gegenüber biologischen, psychologischen und psychosozialen Entwicklungsrisiken" (Wustmann 2004, 18).

In der Regel gehen Resilienzforscher davon aus, dass sich Resilienz bzw. resilientes Verhalten dann zeigt, wenn ein Mensch eine Situation erfolgreich bewältigt hat, die als risikoerhöhende Gefährdung für die Entwicklung des Kindes eingestuft werden kann, wie z.B. Verlust einer nahen Bezugsperson, Aufwachsen in Armut usw. Resilienz ist damit keine Persönlichkeitseigenschaft, sondern immer an zwei Bedingungen geknüpft:
1. Es besteht eine Risikosituation.
2. Das Individuum bewältigt diese positiv aufgrund vorhandener Fähigkeiten.

Merkmale von Resilienz

Die Fähigkeit zur Resilienz ist nicht, wie zu Beginn der Resilienzforschung angenommen, angeboren, sondern entwickelt sich in einem Interaktionsprozess zwischen Individuum und Umwelt (Lösel/Bender 2008). Das bedeutet auch, dass das Kind selbst aktiv regulierend auf seine Umwelt einwirkt. Resilienz ist damit ein „dynamischer Anpassungs- und Entwicklungsprozess" (Wustmann 2004, 28). Dies schließt ein, dass Resilienz sich im Laufe des Lebens eines Menschen verändert – abhängig von den Erfahrungen und bewältigten Ereignissen (Opp/Fingerle 2008, Rutter 2000, Scheithauer et al. 2000).

Resilienz ist damit auch eine „variable Größe" (Wustmann 2004, 30) und keine stabile Einheit, die immerwährende Unverwundbarkeit (→ Invulnerabilität) verspricht. So kann es sein, dass Kinder zu einem Zeitpunkt ihres Lebens resilient sind, zu anderen Zeitpunkten mit anderen Risikolagen jedoch Schwierigkeiten haben, die Belastungen zu bewältigen.

Um der entwicklungspsychologischen Perspektive gerecht zu werden, formuliert Welter-Enderlin folgende Definition:

> **Definition**
>
> „Unter Resilienz wird die Fähigkeit von Menschen verstanden, Krisen im Lebenszyklus unter Rückgriff auf persönliche und sozial vermittelte Ressourcen zu meistern und als Anlass für Entwicklung zu nutzen" (Welter-Enderlin 2006, 13).

Diese Definition macht deutlich, dass die →Ressourcen nicht nur auf der individuellen Ebene Bedeutung erlangen, sondern dass vor allem auch soziale Schutzfaktoren, wie. z. B. die Bindung an eine stabile emotionale Bezugsperson, einen bedeutenden Stellenwert für eine gesunde Entwicklung haben. Gabriel (2005) warnt deshalb davor, fehlende Resilienz als ein individuelles Charakterdefizit zu interpretieren, sondern verdeutlicht den Einfluss und die Relevanz von Erziehung, Bildung und Familie sowie von sozialen Netzwerken auf die Ausbildung von Resilienz.

Lösel und Bender (2007) plädieren dafür, Resilienz nicht anhand zu enger Kriterien zu definieren, sondern verweisen auf verschiedene Studienergebnisse, die zeigen, dass ein Faktor in unterschiedlichen Situationen verschiedene Auswirkungen haben kann. Als Beispiel wird eine überdurchschnittliche Intelligenz genannt, die zum einen hilft, planvoller zu handeln, Situationen schneller zu erfassen und Strategien entwickeln zu können; zum anderen nehmen intelligente Menschen ihre Umwelt differenzierter wahr und reagieren dadurch sensibler auf Stress (Lösel / Bender 2008, 60).

Resilienz ist also als Fähigkeit nicht „automatisch" über den gesamten Lebenslauf stabil; sie ist auch nicht auf alle Lebensbereiche eines Menschen übertragbar. Kinder, die in einem Bereich, z. B. in der Schule kompetent sind, können trotzdem Schwierigkeiten haben, Beziehungen einzugehen und sich als sozial wenig kompetent erweisen.

Man betrachtet Resilienz deshalb nicht mehr als universell und allgemeingültig, wie das zu Beginn der Resilienzforschung (Ende der 1970er Jahre) der Fall war, sondern eher im Sinne von situationsspezifischen Ausformungen. Teilweise wird sogar von „bereichsspezifischen Resilienzen" (Petermann / Schmidt 2006, 121) gesprochen, wie z. B. soziale Resilienz oder emotionale Resilienz.

Da sehr viele Faktoren – sowohl biologische, psychologische als auch psychosoziale – eine Rolle spielen, ist Resilienz immer multidimensional zu betrachten.

> Merksatz
>
> **Im Mittelpunkt der Resilienzforschung steht**
> - **„Die positive, gesunde Entwicklung trotz andauerndem, hohen Risikostatus (wie chronische Armut, psychische Erkrankungen der Eltern usw.)**
> - **Die beständige Kompetenz unter akuten Stressbedingungen (wie z. B. Trennung / Scheidung der Eltern)**

- **Die positive bzw. schnelle Erholung von traumatischen Ereignissen (z. B. Trennung/Tod naher Bezugspersonen, sexueller Missbrauch)" (Wustmann 2004, 19).**

Wird Resilienz sehr eng definiert, wird die positive Bewältigung vor allem auf dem Hintergrund der Risikosituation bewertet. Resilienz liegt also nur dann vor, wenn eine Hochrisikosituation besser bewältigt wird als erwartet bzw. erwartbar ist (vgl. aktuelle Diskussionen in Opp/Fingerle 2008; Zander 2011). In einer weiter gefassten Definition wird Resilienz als eine Kompetenz verstanden, die sich aus verschiedenen Einzelfähigkeiten zusammensetzt (vgl. z. B. Fröhlich-Gildhoff/Rönnau-Böse 2012). Diese Kompetenzen sind nicht nur relevant für Krisensituationen, sondern auch notwendig, um z. B. Entwicklungsaufgaben und weniger kritische Alltagssituationen zu bewältigen. Die Einzelkompetenzen entwickeln sich in verschiedensten Situationen, werden unter Belastung aktiviert und manifestieren sich dann als Resilienz.

Es geht bei Resilienz somit in erster Linie nicht nur um die Feststellung von Risikofaktoren für die kindliche Entwicklung und die „Abwesenheit psychischer Störungen", sondern vor allem um den „Erwerb bzw. Erhalt altersangemessener Fähigkeiten und Kompetenzen" und die „erfolgreiche Bewältigung von altersspezifischen Entwicklungsaufgaben" (Wustmann 2004, 20). Entwicklungsaufgaben bestehen i. S. von Havighurst (1948) in jeder Altersstufe; in der frühen Kindheit sind dies z. B. die Sprachentwicklung, die Entwicklung von Autonomie oder auch der Übergang von der Familie in den Kindergarten. Bewältigt ein Kind diese Anforderungen erfolgreich, entwickeln sich Kompetenzen und Fähigkeiten und das Kind lernt, dass Veränderungen und Stresssituationen nicht bedrohlich, sondern bewältigbare Herausforderungen sind (Wustmann 2004, 20). Was unter erfolgreicher Bewältigung verstanden wird und was eine altersentsprechende Entwicklung beinhaltet, kann wiederum sehr unterschiedlich sein und, wie anfangs beschrieben, können auch hierfür externale (z. B. Schulleistungen) und internale Kriterien (z. B. das subjektive Befinden) herangezogen werden. Eine differenzierte Operationalisierung dieser Konstrukte steht noch aus und wird derzeit kontrovers diskutiert (Bengel et al. 2009, Holtmann/Schmidt 2004, Alvord/Grados 2005, Fingerle/Grumm 2012).

Die Resilienzforschung ist ressourcen- und nicht defizitorientiert ausgerichtet. Sie geht davon aus, dass Menschen aktive Bewältiger und Mitgestalter ihres Lebens sind und durch soziale Unterstützung und Hilfestellungen die Chance haben, mit den gegebenen Situationen erfolgreich umzugehen und ihnen nicht nur hilflos ausgeliefert zu sein.

Es geht dabei nicht darum, die Schwierigkeiten und Probleme zu ignorieren, sondern die Kompetenzen und →Ressourcen eines Kindes zu nutzen, damit es besser mit Risikosituationen umzugehen lernt. Dieser Ansatz beinhaltet die große Chance für die Pädagogik, insbesondere der ersten Lebensjahre und der Frühförderung, aber auch für die klinische Psychologie und Kinderpsychotherapie, ressourcen- und bewältigungsorientierte Kompetenzen bei Kindern frühzeitig und gezielt zu unterstützen und die Ergebnisse der Resilienzforschung für sich zu nutzen.

Darüber hinaus kann ein weiterer Aspekt diskutiert werden, der in der Literatur bisher wenig Beachtung findet: Die starke Fokussierung auf Stärken, Schutzfaktoren und Ressourcen kann den Eindruck erwecken, dass negative Gefühle, wie z.B. Angst, Trauer, Schmerz, aber auch Dysfunktionalität, weniger Berechtigung erhalten. Die mit dem Resilienzkonzept verknüpfte Aufforderung, die Ressourcen und Kompetenzen von Menschen wahrzunehmen, führt in den letzten Jahren vor allem in der Praxis wieder zu einer Verengung des Konzepts, d.h. Schwierigkeiten und negative Gefühle dürfen „weniger sein". Wer nicht gleich mitschwimmt auf der positiven Welle und sich seine positiven Seiten und Ressourcen vor Augen führt, wird dazu gedrängt. Es wird dabei vergessen, dass auch eine resiliente Entwicklung sehr anstrengend ist, mit Schmerz und Trauer verbunden sein kann und viel Kraft benötigt. Die Bewältigung der verschiedenen Belastungen mag aufgrund verschiedenster Schutzfaktoren gelingen – der Weg dahin wird dadurch aber nicht zwangsläufig einfacher für die Betroffenen.

Merksatz

Das Konstrukt Resilienz ist ein dynamischer oder kompensatorischer Prozess positiver Anpassung bei ungünstigen Entwicklungsbedingungen und dem Auftreten von Belastungsfaktoren. Charakteristisch für Resilienz sind außerdem ihre variable Größe, das situationsspezifische Auftreten und die damit verbundene Multidimensionalität.

Literatur

Einen sehr gut verständlichen und umfassenden Überblick über den Stand der Forschung zu Resilienz gibt **Wustmann** (2012): Resilienz. Widerstandsfähigkeit von Kindern in Tageseinrichtungen fördern.
Eine detaillierte Betrachtung von Resilienz nehmen **Opp/Fingerle** (2008) *vor*:

Was Kinder stärkt. *Neben Grundlagen der Resilienzforschung und kritischer Reflexion des Begriffs, werden themenspezifische Zusammenhänge mit sozialen Arbeitsfeldern verknüpft.*

Resilienzforschung und relevante Studien

Die Resilienzforschung entwickelte sich aus der → Entwicklungspsychopathologie, die vor allem in den 1970er Jahren die Risikoeinflüsse auf die Entwicklung von Kindern untersuchte. Dabei wurde der Blick mehr und mehr auf die Kinder gerichtet, die sich trotz schwierigster Bedingungen sehr gut entwickelten, d. h. Beziehungen eingehen konnten, eine optimistische Lebenseinstellung hatten, in der Schule gut zurecht kamen usw. Eine systematische Resilienzforschung begann dann Ende der 1970er Jahre in Großbritannien und Nordamerika (Rutter 1979, Garmezy 1984, Werner/Smith 1982) und wurde Ende der 1980er Jahre auch in Deutschland zu einem festen Bestandteil der Forschung.

Beeinflusst wurde der → Perspektiven- oder sogar Paradigmenwechsel – also der Blickwechsel von der Pathologie auf die Resilienz – von den Studien des Medizinsoziologen Aaron Antonovsky, der den Begriff der → Salutogenese prägte. Wie die Resilienzforschung legt das Salutogenesekonzept den Schwerpunkt auf die → Ressourcen und Schutzfaktoren von Menschen und fragt danach, was Menschen hilft, schwierige Bedingungen erfolgreich zu bewältigen. In beiden Konzepten wird davon ausgegangen, dass der Mensch Ressourcen zur Verfügung hat, die ihm helfen mit diesen Bedingungen umzugehen. Anstatt Risiken und krankmachende Einflüsse zu bekämpfen, sollen Ressourcen gestärkt werden, um den Menschen gegen Risiken widerstandsfähig zu machen. Dabei wird in der Resilienzforschung das von Antonovsky (1997) benannte Gefühl der → Kohärenz als eine personelle Ressource gesehen. Das Kohärenzgefühl setzt sich aus drei wesentlichen Komponenten zusammen: (1) dem Gefühl der Verstehbarkeit von Situationen und Ereignissen („sense of comprehensibility"), (2) dem Gefühl der Handhabbarkeit („sense of managability"), also dem Gefühl, schwierige Situationen meistern zu können und ihnen nicht ausgeliefert zu sein, und (3) dem Gefühl der Sinnhaftigkeit („sense of meaningfulness") von erlebten Situationen. Somit sind die Kernannahmen und Fragestellungen beider Konzepte ähnlich, es werden aber verschiedene Akzente gesetzt. So legt die Salutogenese den Schwerpunkt auf Schutzfaktoren zur Erhaltung der Gesundheit, die Resilienzforschung konzentriert sich mehr auf den Prozess der positiven Anpassung und Bewältigung. Der Resilienzansatz ist darüber hinaus stärker methodenorientiert (Bengel et al. 2001). Insgesamt lässt sich der Resilienzansatz in das Salutogenesemodell integrieren, und er kann es sinnvoll ergänzen.

Bengel et al. (2009) unterteilen die Entwicklung der Resilienzforschung nach einem Vorschlag von O'Dougherty Wright und Masten (2006) in drei Phasen:

- „1. Phase: Identifikation der Schlüsselkonzepte und allgemeiner Schutzfaktoren" (Empirische Grundlage) – Hier steht die Definition der Dimension von Resilienz im Mittelpunkt, d. h. die Frage, welche Kriterien eine Rolle spielen sowie die Identifikation von Schutzfaktoren allgemein.
- „2. Phase: Kontextfaktoren und Prozessorientierung" (Komplexität des Konstrukts) – Prozesse und Wirkmechanismen werden untersucht.
- „3. Phase: Maßnahmen zur Förderung von Resilienz" (Prävention und Intervention) – resilienzförderliche Maßnahmen werden entwickelt (Bengel et al. 2009, 15–17).

Diese Phasen überlappen sich zeitlich, laufen teilweise nebeneinander her und dauern weiterhin an. Da aber unterschiedliche Schwerpunkte gesetzt wurden, ist eine Aufteilung in die drei Phasen eine sinnvolle Strukturierung.

Inzwischen wird auch von einer vierten Phase der Resilienzforschung gesprochen (Bengel/Lyssenko 2012). Im Mittelpunkt steht hier die Entwicklung von Mehrebenenmodellen in der Erforschung der Einflussfaktoren. Dabei spielen sowohl psychosoziale Aspekte als auch neurobiologische und Gen-Umwelt-Interaktionen eine Rolle. Diese Mehrperspektivität erfordert eine hohe Interdisziplinarität der Forschungsbereiche.

Insgesamt wurden seit dem Beginn der Resilienzforschung 19 Längsschnittstudien in den USA, Europa, Australien und Neuseeland durchgeführt (Werner 2006). Die bekanntesten Studien der Resilienzforschung sind:

- Kauai-Studie (Werner / Smith 1982, 2001)
- Isle-of-Wight-Studie (Rutter 1987)

In Deutschland:

- Die Mannheimer Risikokinderstudie (Laucht et al. 2000)
- Die Bielefelder → Invulnerabilitätsstudie (Lösel / Bender 2008)

Nachfolgend wird näher auf die Kauai-Studie eingegangen, da sie als die „Pionierstudie" der Resilienzforschung gilt. Außerdem sollen die beiden deutschen Studien näher betrachtet werden, die für die Resilienzforschung in Deutschland eine wichtige Rolle gespielt haben.

Die Kauai-Studie: Als Pionierin der Resilienzforschung wird die Amerikanerin Emmy Werner gesehen, die mit der Forschergruppe um Ruth S. Smith den gesamten Geburtsjahrgang 1955 der hawaiianischen Insel Kauai über mehrere Jahrzehnte hinweg begleitete. Die Kauai-Längsschnittstudie von Werner und Smith ist die bekannteste und auch älteste Studie zur Untersuchung der Resilienz. Über 40 Jahre hinweg wurden 698 Menschen beobachtet, interviewt und Daten über ihre Lebens- und Gesundheitssituation erhoben. Ein Drittel dieser Stichprobe lebte mit einer hohen Risikobelastung, wie z. B. chronischer Armut, psychischen Erkrankungen der Eltern oder familiärer Disharmonie. Bei wiederum einem Drittel dieser Risikogruppe stellten Werner und Smith fest, dass diese sich trotzdem gut entwickelten und nicht – wie zwei Drittel der anderen Kinder dieser Gruppe – Verhaltensauffälligkeiten zeigten (Werner 2000). Die Probanden, die sich also als resilient erwiesen, konnten z. B. Beziehungen eingehen, waren optimistisch, fanden eine Arbeit, die sie erfüllte usw. Verglichen mit den anderen Probanden, die unter denselben schwierigen Bedingungen aufwuchsen, konnten bei ihnen im Alter von 40 Jahren eine geringere Todesrate, weniger chronische Gesundheitsprobleme und weniger Scheidungen festgestellt werden (Wustmann 2004). Im Gegenteil zeigten sie auf den verschiedensten Ebenen protektive Faktoren, wie z. B. eine emotionale Bezugsperson, einen stabilen Familienzusammenhalt, hohe Sozialkompetenzen und positive Selbstwirksamkeitserwartungen. Mit protektiv oder schützend sind in diesem Zusammenhang Prozesse und Faktoren gemeint, die den Kindern und später den Erwachsenen helfen, sich trotz der schwierigen Bedingungen positiv zu entwickeln (siehe Kapitel 2). Diese „Kette schützender Faktoren" wie sie Werner nannte, interagieren miteinander und verstärken sich gegenseitig (Bengel et al. 2009).

Ähnliche Studien wurden dann auch in Deutschland durchgeführt. Zu den bekanntesten gehören die Mannheimer-Risikokinderstudie von Laucht und Mitarbeitern und die Bielefelder → Invulnerabilitätsstudie von Lösel und Mitarbeitern. Auch diese beiden Studien waren Längsschnittstudien, d. h., sie erstreckten sich über einen sehr langen Zeitraum und konnten verschiedene Entwicklungsstadien erfassen.

Die Mannheimer-Risikokinder-Studie: Die Mannheimer-Risikokinderstudie wollte herausfinden, wie sich Kinder mit unterschiedlichen Risikobelastungen entwickeln und welche möglicherweise protektiven (schützenden) Faktoren es gibt, um die Belastungen zu kompensieren. In der Studie wurden 362 Kinder, die zwischen 1986 und 1988 geboren wurden, jeweils im Alter von drei Monaten, 2, 4, 5, 8 und 11 Jahren untersucht. Die Ergebnisse konnten die Aussagen von Werner bestätigen und darüber hinaus deutlich machen, welche Risiken vor allem dazu beitragen, die Entwicklung von Kindern zu beeinträchtigen. Damit lag der Schwerpunkt dieser Studie nicht primär auf den Schutzfaktoren für die Entwicklung; die Autoren konnten aber beschreiben, welche Prozesse eine Rolle bei der gesunden Entwicklung von Kindern spielen.

Die Bielefelder Invulnerabilitätsstudie: Die Bielefelder → Invulnerabilitätsstudie wollte dagegen explizit die seelische Widerstandskraft, also Resilienz von Kindern, die ein hohes Entwicklungsrisiko tragen, untersuchen und dabei speziell erfassen, welche Schutzfaktoren außerhalb der Familie zu einer resilienten Entwicklung beitragen können (Lösel et al. 1990). Sie ist damit die erste deutsche Resilienzstudie. Die Stichprobe der Studie setzte sich aus 146 Jugendlichen im Alter von 14 bis 17 Jahren zusammen, die alle in Heimen aufwuchsen. Dabei wurden die Jugendlichen auf der Basis von Fallkonferenzen, Erzieherberichten, Selbsteinschätzungen der Jugendlichen und einem Risikoindex in zwei Vergleichsgruppen eingeteilt. Mit einem Risikoindex können Risikofaktoren erhoben werden. In diesem Fall wurden 70 Items zugrunde gelegt, die zum einen „objektive" Faktoren erhoben, wie z. B. schlechte Wohnverhältnisse, Trennung/Scheidung der Eltern, Armut usw., zum anderen aber auch subjektive Faktoren wie erlebte Elternkonflikte, Alkoholprobleme etc. (Lösel/Bender 2008, 58).

In der einen Gruppe waren die 66 Jugendlichen, die aufgrund der oben beschriebenen Verfahren als resilient eingestuft wurden, in der anderen Gruppe waren 80 Jugendliche aus denselben Heimen, die eine gleichartige Risikobelastung aufwiesen, aber im Gegensatz zur resilienten Stichprobe starke Verhaltensauffälligkeiten zeigten (Lösel/Bender 2008, 58).

Die Jugendlichen beider Gruppen wurden interviewt und anhand von Fragebögen befragt. Dabei wurden vier Merkmalskomplexe erfasst: die biografische Belastung, Störung des Verhaltens und Erlebens sowie personale und soziale → Ressourcen (Homfeldt/Maag 2004, 417).

Und obwohl diese Studie in einem anderen Kulturkreis durchgeführt wurde und sich auf eine spezifische (Hochrisiko-)Gruppe beschränkte, kam sie zu ähnlichen Ergebnissen wie die Untersuchung von Emmy Werner auf der Insel Kauai: Die als resilient eingestuften Jugendlichen zeigten während der Studienlaufzeit eine Reihe von protektiven Faktoren wie z. B. eine realistische Zukunftsperspektive, ein positives Selbstwertgefühl oder eine hohe Leistungsmotivation. Auffallend war auch, dass sie bedeutend öfter eine feste Bezugsperson außerhalb ihrer Familie hatten, bessere Beziehungen in der Schule eingehen konnten und auch zufriedener mit der erhaltenen sozialen Unterstützung waren. Ob ein Jugendlicher über die Zeit der Untersuchung hinweg stabil resilient oder verhaltensauffällig blieb, hing vor allem auch damit zusammen, wie die Studienteilnehmer das Erziehungsklima in den Heimen erlebten, das im besten Fall → autoritativ, d. h. durch Empathie und Grenzsetzung, gekennzeichnet war, im schlechtesten Fall eher autoritär und restriktiv war (Lösel / Bender 2008).

Diese Studien zeigen, dass sich in unterschiedlichsten Regionen und in verschiedenen Problemfeldern,

„ein Kernbereich von Merkmalen ergibt, die für die seelisch gesunde Entwicklung von Kindern und Jugendlichen bedeutsam sind [und] … für relativ breit wirksame protektive Faktoren sprechen" (Lösel / Bender 2007, 59).

Im nächsten Kapitel soll näher auf diese Faktoren eingegangen, aber auch eine Verknüpfung zum Risikofaktorenmodell hergestellt werden.

Literatur

Genauere Informationen über die einzelnen Studien, findet man bei den jeweiligen Autoren, z. B.
- **Werner** (2008b): Entwicklung zwischen Risiko und Resilienz.
- **Lösel** et al. (1990): Psychische Gesundheit trotz Risikobelastung in der Kindheit: Untersuchungen zur → Invulnerabilität.
- **Laucht** et al. (1999): Was wird aus Risikokindern? Ergebnisse der Mannheimer Längsschnittstudie im Überblick.

Eine tabellarische Übersicht über die von Werner (2006) identifizierten 19 Längsschnittstudien, geben **Bengel** *et al. (2009).*
Rönnau-Böse *(2013) wertete insgesamt 20 Studien zu Schutzfaktoren sowie vier Reviews aus; die Ergebnisse finden sich in diesem Buch auf S. 41ff.*

Resilienz über die Lebensspanne

Die Resilienzforschung, aber auch die Konzepte zur Resilienzförderung, haben sich viele Jahre auf die Entwicklungsphasen der Kindheit und Jugend beschränkt. Erst in neuerer Zeit haben Bengel und Lyssenko (2012) Studien zu „Schutzfaktoren im Erwachsenenalter" zusammengefasst. Rönnau-Böse und Fröhlich-Gildhoff (2015) haben systematisch die „Resilienz und Resilienzförderung über die Lebensspanne" und entsprechende Konzepte beschrieben.

Literatur

- **Bengel, J., Lyssenko, L. (2012)**: Resilienz und psychologische Schutzfaktoren im Erwachsenenalter.
- **Rönnau-Böse, M., Fröhlich-Gildhoff, K. (2015)**: Resilienz und Resilienzförderung über die Lebensspanne.

2

Risiko- und Schutzfaktoren – ein Wechselwirkungsprozess

Eine Vielzahl risikoerhöhender Faktoren tragen zur Entstehung psychischer Störungen im Kindes- und Jugendalter bei. Demgegenüber stehen aber risikomildernde Faktoren, die die Risiken abpuffern bzw. Resilienz fördern. Risiko- und Schutzfaktoren beeinflussen sich darüber hinaus aber auch gegenseitig. Diese Wechselwirkungsmechanismen sind Gegenstand der aktuellen Forschung. Es wurden verschiedene Resilienzmodelle entwickelt, die versuchen, diese Interaktionsprozesse zu beschreiben und das Phänomen der Resilienz besser zu erklären.

Die im vorhergehenden Kapitel beschriebenen Studien führten zu einem → Perspektivenwechsel, d. h. einer veränderten Blickrichtung auf die kindliche Entwicklung.

Nachdem bis zu den 1970er Jahren hauptsächlich Studien zu den Risikoeinflüssen für die Entwicklung durchgeführt worden waren und der Blick hauptsächlich auf den Defiziten und Schwierigkeiten gelegen hatte, wurde jetzt die Aufmerksamkeit vermehrt auf die → Ressourcen und Schutzfaktoren von Kindern gerichtet. Unterstützt wurde dieser neue Blickwinkel durch die Forschungsergebnisse der Entwicklungspsychologie bzw. der → Entwicklungspsychopathologie, der empirischen Säuglingsforschung sowie der Bindungsforschung und der (neurobiologischen) Lernforschung. Diese Studien weisen auf eine sehr hohe Bedeutung der Lebenssituation, der Lernmöglichkeiten und der Beziehungserfahrungen in den ersten Lebensjahren hin, insbesondere auf deren Auswirkungen auf die Persönlichkeitsentwicklung und auf die Ausformung kognitiver, sozialer und emotionaler Kompetenzen bei Kindern.

Im Resilienzkonzept liegt jedoch ein wesentlicher Fokus auch auf der *Bewältigung* von Risiken – so müssen neben der Betrachtung der Risikofaktoren auch die Schutzfaktoren Beachtung finden. Denn letztlich wirken immer beide Aspekte auf die Entwicklung von Kindern ein; sie sollen im Folgenden differenziert betrachtet werden.

Das Risikofaktorenkonzept

Das Risikofaktorenkonzept beruht auf den Grundlagen des →biomedizinischen Modells. Damit verbunden ist eine pathogenetische Sichtweise, d. h., im Mittelpunkt der Betrachtung stehen Faktoren und Lebensbedingungen, die die kindliche Entwicklung gefährden, beeinträchtigen und zu seelischen Störungen und Erkrankungen führen können.

> **Definition**
>
> Risikofaktoren werden als krankheitsbegünstigende, risikoerhöhende und entwicklungshemmende Merkmale definiert, von denen potentiell eine Gefährdung der gesunden Entwicklung des Kindes ausgeht (Holtmann / Schmidt, 2004).

Merkmale des Risikofaktorenkonzepts

Es werden zwei Merkmalsgruppen unterschieden: die kindbezogenen Vulnerabilitätsfaktoren, die biologische und psychologische Merkmale des Kindes umfassen, und die Risikofaktoren oder Stressoren, die in der psychosozialen Umwelt eines Kindes entstehen (Wustmann 2004, Laucht et al. 2000, Petermann et al. 2004).

Die Vulnerabilitätsfaktoren werden darüber hinaus in primäre Faktoren, d. h. solche, die das Kind von Geburt an aufweist (z. B. genetische Dispositionen, Geburtskomplikationen), und sekundäre Faktoren, d. h. Merkmale, die in der Interaktion mit der Umwelt erworben werden, unterteilt. Die Umwelt bilden hier vor allem die Familie und das soziale Umfeld eines Kindes (Scheithauer et al. 2000, Wustmann 2004).

In der Mannheimer Risikokinderstudie wurde deutlich, dass Vulnerabilitätsfaktoren sich vergleichsweise wenig gravierend auf die Entwicklung auswirken, während psychosoziale Risikofaktoren bzw. Stressoren häufiger zu ungünstigen Entwicklungsverläufen führen und besonders die kognitive und sozio-emotionale Entwicklung beeinträchtigen. Je älter ein Kind wird, desto weniger spielen biologische Risiken eine Rolle (Scheithauer / Petermann 1999).

Eine übersichtliche Gliederung der Vulnerabilitäts- und Risikofaktoren bzw. Stressoren ist bei Wustmann (2004, 38–39) zu finden; sie soll hier vorgestellt werden:

Primäre Vulnerabilitätsfaktoren:
- prä-, peri- und postnatale Faktoren (z. B. Frühgeburt, Geburtskomplikationen, niedriges Geburtsgewicht, Ernährungsdefizite, Erkrankung des Säuglings)
- neuropsychologische Defizite
- →psychophysiologische Faktoren (z. B. sehr niedriges Aktivitätsniveau)
- genetische Faktoren (z. B. Chromosomenanomalien)
- chronische Erkrankungen (z. B. Asthma, Neurodermitis, Krebs, schwere Herzfehler, hirnorganische Schädigungen)
- schwierige Temperamentsmerkmale, frühes impulsives Verhalten, hohe Ablenkbarkeit
- geringe kognitive Fähigkeiten: niedriger Intelligenzquotient, Defizite in der Wahrnehmung und sozial-kognitiven Informationsverarbeitung

Sekundäre Vulnerabilitätsfaktoren:
- → unsichere Bindungsorganisation
- geringe Fähigkeiten zur Selbstregulation von Anspannung und Entspannung

Risikofaktoren / Stressoren:
- niedriger sozioökonomischer Status, chronische Armut
- aversives Wohnumfeld (Wohngegenden mit hohem Kriminalitätsanteil)
- chronische familiäre Disharmonie
- elterliche Trennung und Scheidung
- Alkohol- / Drogenmissbrauch der Eltern
- psychische Störungen oder Erkrankungen eines bzw. beider Elternteile
- Kriminalität der Eltern
- Obdachlosigkeit
- niedriges Bildungsniveau der Eltern
- Abwesenheit eines Elternteils / alleinerziehender Elternteil
- Erziehungsdefizite / ungünstige Erziehungspraktiken der Eltern (z. B. inkonsequentes, zurückweisendes oder → inkonsistentes Erziehungsverhalten, Uneinigkeit der Eltern in Erziehungsmethoden, körperliche Strafen, zu geringes Beaufsichtigungsverhalten, Desinteresse / Gleichgültigkeit gegenüber dem Kind, mangelnde Feinfühligkeit und → Responsivität)

- sehr junge Elternschaft (vor dem 18. Lebensjahr)
- unerwünschte Schwangerschaft
- häufige Umzüge, Schulwechsel
- Migrationshintergrund in Verbindung mit niedrigem sozioökonomischen Status
- soziale Isolation der Familie
- Verlust eines Geschwisters oder engen Freundes
- Geschwister mit einer Behinderung, Lern- oder Verhaltensstörung
- mehr als vier Geschwister
- Mobbing / Ablehnung durch Gleichaltrige
- außerfamiliäre Unterbringung

An dieser Stelle muss darauf hingewiesen werden, dass nicht jeder Risikofaktor sozusagen „automatisch" eine Entwicklungsgefährdung darstellt – gravierend ist vielmehr die Häufung von Belastungen (z. B. Petermann et al. 2004).

Als besonders schwerwiegende Risikofaktoren bezeichnet Wustmann (2004) traumatische Erlebnisse, wie z. B. Gewalttaten, sexuellen Missbrauch, Kriegs- und Terrorerlebnisse, Naturkatastrophen usw. (Wustmann 2004); diese werden von ihr deshalb eigens aufgeführt.

Weitere Klassifizierungen von Risikofaktoren: Andere Untersuchungen identifizierten – gewissermaßen als „Verdichtung" der oben genannten Auflistung – auf der familiären Ebene acht psychosoziale Risikofaktoren, die die psychische Gesundheit von Kindern und Jugendlichen nachteilig beeinflussen. Sie können mit dem Family Adversity Index von Rutter und Quinton (1977, dt. Blanz et al. 1991) erfasst werden, einem empirisch gut abgesicherten Instrument. Hier werden folgende Faktoren genannt:

1. eine psychische Erkrankung der Hauptbezugsperson
2. kriminelles oder dissoziales Verhalten (inkl. Neigung zu Gewalt) eines Elternteils
3. Vater ohne qualifizierten Schulabschluss oder Berufsausbildung
4. alleinerziehender Elternteil
5. kritisch gespannte Partnerschaft
6. vier oder mehr Kinder in einer Familie
7. beengte Wohnverhältnisse
8. Fremdunterbringung des Kindes

(Sturzbecher / Dietrich 2007, Ball / Peters 2007).

In Deutschland entwickelte Kindler (2007, 2010) ein ähnliches Screening-Verfahren zur Einschätzung von Risiko- und Gefährdungssituationen in (jungen) Familien.

Risikofaktoren können auch hinsichtlich ihrer Veränderbarkeit unterschieden werden. So gibt es

1. strukturelle Faktoren (feste Marker), die sich nicht verändern (lassen), wie z. B. das Geschlecht
2. variable Faktoren, die durch Interventionen verändert werden können; dazu zählen
    a) diskrete Faktoren, die zu einer unmittelbaren Veränderung führen (z. B. kritische Lebensereignisse wie Verlust einer nahen Bezugsperson) und
    b) kontinuierliche Faktoren, die über die Zeit in ihrem Ausmaß und ihrer Auswirkung variieren können (z. B. Qualität der Eltern-Kind-Beziehung)

(Scheithauer / Petermann 1999).

Für Interventionen, aber auch Präventionsmaßnahmen sind deshalb vor allem die variablen Faktoren von Bedeutung, da nur sie veränderbar sind. So kann z. B. ein Elternkurs auf die Qualität von Eltern-Kind-Beziehungen positiv Einfluss nehmen.

Eine Zusammenfassung der unterschiedlichen Merkmalsausprägungen bietet die Grafik in Abbildung 1.

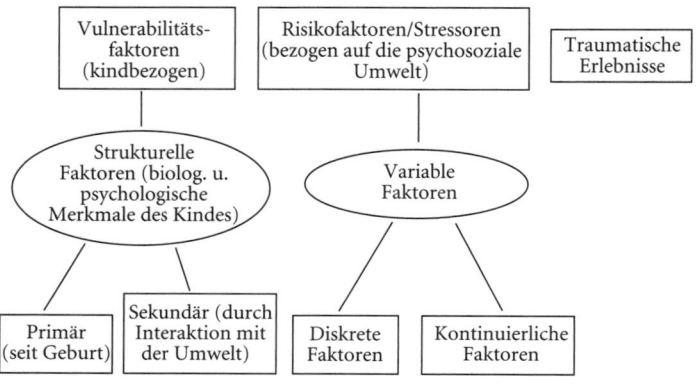

Abb. 1: Risikoerhöhende Merkmale

Phasen erhöhter Vulnerabilität

Ob Risikofaktoren eine entwicklungsgefährdende Auswirkung haben, hängt auch davon ab, in welcher Entwicklungsphase ein Kind sich befindet. Im Laufe der Entwicklung gibt es immer wieder Phasen, in denen Kinder „anfälliger" für risikoerhöhende Faktoren sind. Diese werden Phasen erhöhter Vulnerabilität genannt, das Kind ist in dieser Zeit „verwundbarer". Beispiele dafür sind sogenannte Übergänge (Transitionen), wie z. B. der Eintritt in den Kindergarten oder der Übergang vom Kindergarten in die Schule, aber auch die Zeit der Pubertät ist eine hoch vulnerable Phase (Scheithauer / Petermann 1999, Griebel / Niesel 2004). Viele Anforderungen werden dann gleichzeitig an das Kind gestellt und müssen von ihm bewältigt werden.

Treten in solchen Phasen risikoerhöhende Situationen auf, steigt die Wahrscheinlichkeit einer unangepassten Entwicklung oder möglicherweise des Entstehens einer psychischen Störung.

Spezifische Wirkmechanismen

Risikofaktoren werden als Merkmale definiert, „die die Wahrscheinlichkeit des Auftretens von psychischen Störungen erhöhen" (Bender / Lösel 1998) bzw. „von denen eine potentielle Gefährdung der Entwicklung ausgeht" (Holtmann / Schmidt 2004, 196). Hier wird deutlich, dass nicht jede Risikobelastung per se zu einer psychischen Störung oder unangepassten Entwicklung führen muss, sondern nur, dass eine erhöhte Möglichkeit dafür besteht. Ob ein Risikofaktor eine Entwicklung beeinträchtigt und Folgewirkungen zeigt, hängt von vielen weiteren Aspekten ab (Wustmann 2004, 40ff.; Scheithauer / Petermann 1999, 6ff.):

Kumulation (Anhäufung) der Belastungen: Die Studien, die sich mit Risikobelastungen beschäftigen, haben gezeigt, dass häufig mehrere Belastungen gleichzeitig auftreten und selten ein Risikofaktor isoliert vorkommt (Laucht et al. 1997, Scheithauer / Petermann 1999, Bengel et al. 2009). So sind Kinder, die bei einem alleinerziehenden Elternteil aufwachsen, auch mit größerer Wahrscheinlichkeit von Armut betroffen, die Hauptbezugsperson hat öfter einen geringeren Bildungsabschluss usw. Je mehr Risikofaktoren zusammen kommen, desto höher ist auch das Risiko, eine psychische Störung zu entwickeln (Scheithauer / Petermann 1999, Lösel / Bender 2008), bzw. für eine fehlangepasste Entwicklung. So zeigte eine Studie von Rutter (2000), dass bei vier Risikofaktoren die Wahrscheinlichkeit, eine psychische Störung zu entwickeln, zehnmal höher ist (20 %) als bei nur einem (Wustmann 2004, Lösel / Bliesener 2003).

Einzelne Risikofaktoren können demnach Auslöser für eine pathogene Entwicklung sein, müssen aber eben auch nicht. So kann der Risikofaktor „schlechte sozioökonomische Bedingung" an Bedeutung verlieren, wenn in der Familie ein harmonisches Klima mit Zuwendung und Unterstützung herrscht. Es ist also „weniger die Art oder Spezifität eines Risikofaktors entscheidend, ob ein Kind einen negativen Entwicklungsverlauf einschlagen wird, sondern vielmehr die Anzahl der risikoerhöhenden Faktoren" (Lösel / Bliesener 2003, 5). Kinder mit multipler Risikobelastung sind deshalb besonders entwicklungsgefährdet (Rutter 2000, Masten 2001).

Dauer / Kontinuität der Belastung: Eine große Rolle spielt aber auch, wie lange ein Kind einer belastenden Situation ausgesetzt ist. Über einen langen Zeitraum andauernde Problemsituationen, wie z. B. chronische Armut, können auch zu einer langfristigen Veränderung der kindlichen Kompetenzen bzw. Bewältigungsmöglichkeiten führen. Bender und Lösel (1998) sprechen in diesem Zusammenhang sogar von einer „Risikopersönlichkeit".

Abfolge der Ereignisse: Aber nicht nur die Dauer einer Belastung, sondern auch die zeitliche Abfolge von Risikosituationen hat einen Einfluss auf die Entwicklungsgefährdung. Je früher eine Risikobelastung auftritt, desto größer ist die Wahrscheinlichkeit, dass weitere Risikofaktoren zu späteren Zeitpunkten die Entwicklung des Kindes gefährden.

Alter und Entwicklungsstand des Kindes: Auch das Alter des Kindes hat Einfluss darauf, ob und wie ein Risikofaktor wirkt. So sind Belastungen während der Geburt und Säuglingszeit (z. B. Unterernährung, Vernachlässigung) besonders schwerwiegend, weil das Kind in dieser Zeit viele Entwicklungsschritte auf einmal bewältigen muss. In der Kindheit sind eher familiäre Risiken von Bedeutung, in der Jugend liegen Risikopotenziale vermehrt im Peer-Bereich, z. B. ein deliquenter Freundeskreis (Laucht et al. 2000, Fröhlich-Gildhoff 2006).

Geschlechtsspezifische Aspekte: Neben dem Alter spielt auch das Geschlecht eine Rolle, inwieweit sich Risikofaktoren auswirken. Die → epidemiologische Forschung kann eine Reihe von Anhaltspunkten liefern, dass Jungen in der Kindheit anfälliger sind für Risikobelastungen. So sind Jungen z. B. wesentlich häufiger von (Entwicklungs-)Störungen betroffen als Mädchen und auch die Prozentzahl der chronischen Erkrankungen im Kindesalter ist beim männlichen Geschlecht höher (Holtmann/Laucht 2008). In der Pubertät sind allerdings die Mädchen anfälliger (Franke/Kämmerer 2001, Faltermaier 2005). Dies hängt u. a. damit zusammen, dass Mädchen in der Adoleszenz viel sensibler auf die Veränderungen ihres Körpers und die hormonellen Veränderungen reagieren; psychosomatische Erkrankungen, wie z. B. Essstörungen, treten in diesem Alter zu einem größeren Prozentanteil bei Mädchen auf als bei Jungen.

Es gibt vermehrt Belege dafür, dass das männliche Geschlecht im Erwachsenenalter dann wieder stärker auf Risikobelastungen reagiert. Dies könnte z. B. damit zusammenhängen, dass Frauen eher gelernt haben, mit ihren Gefühlen offen umzugehen, und besser wissen, welche Unterstützung sie in belasteten Situationen benötigen (z. B. Franke/Kämmerer 2001).

Subjektive Bewertung der Risikobelastung: Die subjektive Bewertung von negativen Erfahrungen und schwierigen Situationen hat große Auswirkungen auf das Erleben und die Bewältigung dieser Belastungen. Wustmann (2004) gibt dafür das Beispiel eines Kindes während der Trennung seiner Eltern: Für einige Kinder ist die Trennung der Eltern eine Erleichterung, weil damit die täglichen Streitigkeiten beendet werden, für andere Kinder stehen der Verlust eines Elternteils im Vordergrund und evtl. bestehende Schuldgefühle.

Aufgrund dieser unterschiedlichen Auswirkungen, die ein Risikofaktor haben kann, spricht man in der Resilienzforschung von der Multifinalität der Risikofaktoren. Wegen dieser individuellen Auswirkungen ist es auch entscheidend, immer die Perspektive des jeweiligen Kindes mit zu berücksichtigen, will man dessen Entwicklungsverlauf und -stand beurteilen (Fröhlich-Gildhoff 2007).

Literatur

Einen kompakten Überblick zum Thema bieten **Petermann** *et al. (2004): Entwicklungswissenschaft. Entwicklungspsychologie – Genetik – Neuropsychologie.*

Das Schutzfaktorenkonzept

Eine Beurteilung des Entwicklungsverlaufs eines Kindes sollte sich aber nicht auf die Feststellung der Risikofaktoren beschränken, sondern auch die schützenden (protektiven) Faktoren mit berücksichtigen.

> **Definition**
>
> **Schutzfaktoren werden als Merkmale beschrieben, die das Auftreten einer psychischen Störung oder einer unangepassten Entwicklung verhindern oder abmildern sowie die Wahrscheinlichkeit einer positiven Entwicklung erhöhen (Rutter 1990).**

Schutzfaktoren werden auch als entwicklungsfördernde, protektive oder risikomildernde Faktoren bezeichnet. Dabei wird unterschieden zwischen den eigentlichen Schutzfaktoren und förderlichen Bedingungen.

Scheithauer et al. (2000) sprechen von förderlicher Bedingung, wenn ein Faktor protektive Wirkungen entfaltet, auch wenn kein erhöhtes Risiko besteht. In einer engen Definition spricht man von Schutzfaktoren nur dann, wenn damit eine Risikosituation abgepuffert bzw. beseitigt werden kann (Puffereffekt). Das heißt, es muss immer eine Gefährdungssituation vorliegen, damit ein Schutzfaktor wirksam werden kann (Laucht 1999, Rutter 1990). Bengel et al. (2009) weisen außerdem darauf hin, dass die Schutzfaktoren eines Kindes und sein Entwicklungsstand nicht miteinander vermischt werden dürfen. Die Kompetenzen eines Kindes sollten nicht „in unterschiedlicher Funktion (betrachtet werden): einmal als vor Störungen schützende Kompetenz – also als Schutzfaktor – und einmal als Kompetenz, die als Zeichen einer positiven Entwicklung verstanden wird – also als Ergebnis einer geschützten Entwicklung" (Bengel et al. 2009, 23). Schutzfaktoren oder risikomildernde Faktoren müssen darüber hinaus zeitlich vor den risikoerhöhenden Faktoren auftreten, um deren Risikowirkung moderieren zu können. Luthar et al. (2000) unterscheiden vier Kategorien protektiver Faktoren:

„1. Generell protektive Faktoren: diese haben unmittelbar förderliche Auswirkungen, sowohl bei Kindern mit hohem als auch mit niedrigem Risiko
2. Stabilisierende protektive Faktoren: wirken stabilisierend auf die erreichte Kompetenz angesichts steigenden Risikos
3. Ermutigende protektive Faktoren: bestärken darin, sich mit Stress auseinanderzusetzen, so dass die eigene Kompetenz der Stressbewältigung wächst

4. Protektive, aber reaktive Faktoren: wirken sich generell vorteilhaft aus, allerdings in geringerem Maße, wenn das Risiko hoch ist (zitiert in Zander 2008, 65)"

Es wird deutlich, dass unter dem Begriff „Schutzfaktor" nicht von allen immer das Gleiche verstanden wird und unterschiedliche Terminologien verwendet werden.

„Die Heterogenität der Begrifflichkeiten spiegelt die in der Literatur vorherrschende Unklarheit und kontrovers diskutierte Frage wider, wie diese Faktoren angemessen begrifflich und inhaltlich zu definieren sind" (Bengel et al. 2009, 19).

Empirisch belegte Schutzfaktoren

Ebenso wie spezifische Risikofaktoren (s. o.) empirisch abgeleitet wurden, konnte auch eine Reihe von Schutzfaktoren identifiziert werden, die eine protektive Wirkung entfalten. Diese Faktoren zeigten sich, wie im vorangegangenen Kapitel beschrieben, unabhängig davon, in welchem Kulturkreis die Studie durchgeführt und welche Stichproben gewählt wurden. Die Schutzfaktoren werden aber von den jeweiligen Autoren unterschiedlich kategorisiert. So gibt es Aufzählungen, die zwischen personalen und sozialen Schutzfaktoren unterscheiden und Listen, die diese Kategorien noch einmal genauer unterteilen. In Anlehnung an das ökologische Entwicklungsmodell von Bronfenbrenner kategorisieren Luthar et al. (2000) drei Ebenen:

1. individuelle Eigenschaften des Kindes, wie z. B. Persönlichkeitsfaktoren,
2. mikrosoziale Faktoren in der direkten Umwelt des Kindes, wie der Familie und
3. Faktoren innerhalb des Makrosystems, wie das weitere soziale Umfeld.

Wustmann (2004) gibt nach einer umfassenden Literaturrecherche eine übersichtliche Zusammenfassung der zentralen Schutzfaktoren, die hier als Grundlage verwendet werden soll. Die darunter fallenden Resilienzfaktoren werden von ihr noch breiter aufgeschlüsselt, wir beschränken uns hier aber auf sechs Faktoren. Näheres dazu wird in Kapitel 3 beschrieben.

Personale Ressourcen

Kindbezogene Faktoren:
- positive Temperamentseigenschaften
- intellektuelle Fähigkeiten
- erstgeborenes Kind
- weibliches Geschlecht

Resilienzfaktoren:
- Selbstwahrnehmung
- Selbstwirksamkeit
- Selbststeuerung
- Soziale Kompetenz
- Umgang mit Stress
- Problemlösefähigkeiten

Soziale Ressourcen

Innerhalb der Familie:
- mindestens eine stabile Bezugsperson, die Vertrauen und Autonomie fördert
- → autoritativer / demokratischer Erziehungsstil
- Zusammenhalt, Stabilität und konstruktive Kommunikation in der Familie
- enge Geschwisterbindungen
- altersangemessene Verpflichtungen des Kindes im Haushalt
- hohes Bildungsniveau der Eltern
- harmonische Paarbeziehung der Eltern
- unterstützendes familiäres Netzwerk (Verwandtschaft, Freunde, Nachbarn)
- hoher sozioökonomischer Status

In den Bildungsinstitutionen:
- klare, transparente u. konsistente Regeln und Strukturen
- wertschätzendes Klima (Wärme, Respekt u. Akzeptanz gegenüber dem Kind)
- hoher, angemessener Leistungsstandard
- positive Verstärkung der Leistungen und Anstrengungsbereitschaft des Kindes
- positive Peerkontakte / positive Freundschaftsbeziehungen
- Förderung von Basiskompetenzen (Resilienzfaktoren)
- Zusammenarbeit mit dem Elternhaus und anderen sozialen Institutionen

Im weiteren sozialen Umfeld
- kompetente und fürsorgliche Erwachsene außerhalb der Familie, die Vertrauen fördern, Sicherheit vermitteln und als positive Rollenmodelle dienen (z. B. Erzieherinnen, Lehrerinnen, Nachbarn)
- → Ressourcen auf kommunaler Ebene (Angebote der Familienbildung, Beratungsstellen, Frühförderstellen, Gemeindearbeit usw.)
- gute Arbeits- und Beschäftigungsmöglichkeiten
- Vorhandensein prosozialer Rollenmodelle, Normen und Werte in der Gesellschaft

Natürlich kann nicht jedes Kind alle Schutzfaktoren aufweisen und auch ist ein Kind nicht erst dann resilient, also widerstandsfähig gegenüber Schwierigkeiten und Belastungen, wenn es Schutzfaktoren in allen Bereichen aufweist. Es geht vielmehr darum, dass Kinder die Erfahrung machen, dass sie Aufgaben und Anforderungen erfolgreich bewältigen und sie selbst darauf Einfluss nehmen können. Je mehr Unterstützung und Möglichkeiten ein Kind dazu hat, desto leichter wird es ihm fallen, mit schwierigen Situationen umzugehen.

Spezifische Wirkmechanismen

Die generellen Schutzfaktoren, die nicht nur bei Risikobedingungen zu einer gesunden Entwicklung beitragen, sollten differenzierter betrachtet werden. Das bedeutet, dass Alter, Geschlecht und kultureller Hintergrund mitberücksichtigt werden müssen (Zander 2008). So ergeben sich z. B. je nach Geschlecht Unterschiede in der Bedeutung der Schutzfaktoren. Die Kauai-Studie hat z. B. gezeigt, dass bei Jungen im Kindesalter mehr das Streben nach Autonomie und Selbsthilfe eine schützende Wirkung hatte, bei Mädchen mehr die sozialen Orientierungen (Werner/ Smith 1982).

Wie schon bei dem Risikofaktorenkonzept die Risikofaktoren, können also auch die einzelnen Schutzfaktoren nicht isoliert voneinander betrachtet werden, hier gilt ebenso die → kumulative Wirkweise: Je mehr Schutzfaktoren vorhanden sind, desto höher ist die protektive Wirkung gegenüber Entwicklungsbeeinträchtigungen.

Schutz- und Risikofaktoren können auch nicht einfach gegeneinander aufgerechnet werden, sodass sie sich am Ende gegenseitig aufheben. Zander spricht von einer „Hierarchisierung"(Zander 2008, 44) der Schutzfaktoren, was bedeutet, dass die einen Faktoren mehr Einfluss auf die Entwicklung haben als andere. Dies wäre z. B. eine sichere Bindung, die eine ganz entscheidende Schutzfunktion hat. Die meisten Kinder in den oben genannten Studien (siehe Kap. 1), die als resilient bezeichnet wurden, hatten zumindest zu einer Person eine warme, emotionale Beziehung. Das müssen nicht zwangsläufig die Eltern sein, auch Verwandte oder Erzieherinnen und Lehrerinnen können als solche Bezugsperson fungieren (z. B. Pianta et al. 2007). Entscheidend ist die Kontinuität dieser Beziehung und, dass sich das Kind von der Person angenommen und respektiert fühlt.

Es kommt hinzu, dass nicht immer klar abzugrenzen ist, was ein Risiko- und was ein Schutzfaktor ist. So kann es nie ausreichen, nur die Anzahl der jeweiligen Faktoren in einem „Balance-Modell" (Zimmermann 2000) gegeneinander aufzuwiegen. Es muss immer die konkrete Lebenssituation in die Betrachtung mit einbezogen werden, um die Qualität eines Faktors und seine möglichen Auswirkungen beurteilen zu können. Damit wird eine Heterogenität der Effekte beschrieben. Lösel und Bender (2007) fragen deshalb „Risiko wofür? Und Schutz wogegen?" (71).

Außerdem hat das subjektive Bewertungs- und Bewältigungsverhalten einen hohen Einfluss, d. h., es kommt darauf an, wie jemand eine Situation einschätzt und nicht allein auf die Menge der Faktoren (Scheithauer / Petermann 1999).

Merksatz

Die Wirkung von Schutzfaktoren zeigt sich erst, wenn Krisen oder Belastungen auftreten. Der wesentlichste Schutzfaktor, der am stärksten zu einer gelingenden, seelisch gesunden Entwicklung beiträgt und viele Risikofaktoren abpuffern kann, ist eine stabile, wertschätzende, emotional warme Beziehung zu einer (erwachsenen) Bezugsperson. In ihrer umfassenden Analyse der letzten fünfzig Jahre Resilienzforschung kommt Suniya Luthar (2006) zu dem Schluss: „Die erste große Botschaft ist: Resilienz beruht, grundlegend, auf Beziehungen" (780; Übers. d. Verf.).

Literatur

Einen fundierten Überblick über die Befundlage der Risiko- und Schutzfaktorenforschung bieten **Bengel** *et al. (2009), die in einer Expertise zu „Schutzfaktoren bei Kindern und Jugendlichen" im Auftrag der Bundeszentrale für gesundheitliche Aufklärung (BZgA) den aktuellen Forschungsstand kritisch zusammenfassen.*

Bengel *und* **Lyssenko** *(2012) haben weiterhin Studienergebnisse zu „Schutzfaktoren im Erwachsenenalter" im Auftrag der BZgA zusammengestellt.*

Wechselwirkung von Risiko- und Schutzfaktoren

Ball und Peters (2007) weisen darauf hin, dass durch Listen von möglichen Risiko- und Schutzfaktoren der Eindruck entstehen kann, dass Schutzfaktoren nur als das Gegenteil von Risikofaktoren verstanden werden. Es muss aber immer mit berücksichtigt werden,

„dass ein fehlender Schutzfaktor als Risikofaktor gesehen werden kann, aber nicht umgekehrt, da das alleinige Fehlen von Risikofaktoren an sich keinen Schutz darstellt" (130).

Risiko- und Schutzfaktoren beeinflussen sich vielmehr gegenseitig in einem komplexen Wirkmechanismus. Das Zusammenspiel der beiden Faktoren fassen Petermann et al. (2004) in einem Schaubild zusammen (siehe Abbildung 2).

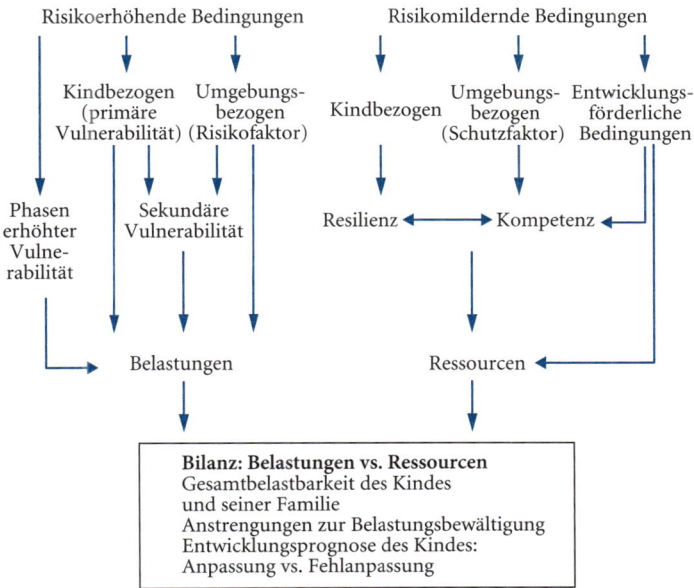

Abb. 2: Zusammenspiel von risikomildernden und risikoerhöhenden Bedingungen (Petermann et al. 2004, 324)

Die risikoerhöhenden Bedingungen (unterschieden in Vulnerabilitätsfaktoren und umgebungsbezogene Risikofaktoren) führen zu einer Verwundbarkeit des Kindes und damit zu einer Belastung der kindlichen Entwicklung. In Phasen erhöhter Vulnerabilität (wie z. B. Eintritt in den Kindergarten und Übergang vom Kindergarten in die Schule) können sich risikoerhöhende Bedingungen besonders stark auswirken.

Daneben stehen die risikomildernden Bedingungen (unterschieden in kindbezogene und umgebungsbezogene Faktoren sowie entwicklungsförderliche Bedingungen), die die Kompetenz und Resilienz des Kindes unterstützen und fördern. Die risikomildernden Bedingungen führen zu der Entwicklung von → Ressourcen.

Je nachdem wie das Zusammenspiel von Belastungen und Ressourcen nun individuell aussieht (z. B. Anzahl und Art der Faktoren, kindbezogene und umgebungsbezogene Merkmale) verläuft die Entwicklung des Kindes angepasst oder fehlangepasst.

Merksatz

Risiko- und Schutzfaktoren beeinflussen die kindliche Entwicklung; Vulnerabilität und Resilienz sind das Ergebnis des Zusammenwirkens der verschiedenen Faktoren. Sowohl Vulnerabilität als auch Resilienz sind damit keine überdauernden Persönlichkeitseigenschaften, sondern verändern sich im Kontext alltäglicher Anforderungen und vorhandener Ressourcen (Ball / Peters 2007, Petermann / Schmidt 2006).

Anhand von einem Fallbeispiel soll die Wechselwirkung von Risiko- und Schutzfaktoren erläutert werden.

Fallbeispiel:
Paul (6 Jahre) lebt mit seiner Mutter zusammen. Seine Eltern haben sich vor einem halben Jahr getrennt, Kontakt zu seinem Vater hat er nur sehr unregelmässig. Auch wenn sein Vater ausgezogen ist, können Mutter und Sohn in dem Haus der Eltern wohnen bleiben, da die finanziellen Verhältnisse der Familie gut sind. Die Mutter arbeitet halbtags als Rechtsanwältin. Da sie aber seit längerer Zeit an einer Depression leidet, verbringt sie oft Tage im Bett. Während dieser Zeit kann Paul bei seinem Patenonkel zu Mittag essen und mit ihm die Hausaufgaben machen. Paul ist gerade in die Schule gekommen und geht sehr gerne dorthin.

Tab. 1: Fallbeispiel Paul: Die risikoerhöhenden Bedingungen ergeben Belastungen, denen risikomildernde Bedingungen gegenüberstehen, die als Ressourcen wirken.

Risikoerhöhende Bedingungen	Risikomildernde Bedingungen
Kindbezogen	**Kindbezogen**
Primär:	Positives Temperament
Frühgeburt	Intellektuelle Fähigkeiten
Asthma	Selbststeuerungsfähigkeiten (Resilienzfaktor) Problemlösefähigkeiten (Resilienzfaktor)
Sekundär:	
Unsichere Bindungsorganisation	
Umgebungsbezogen (Risikofaktor)	**Umgebungsbezogen (Schutzfaktor)**
Trennung der Eltern	Patenonkel
Alleinerziehende Mutter	Hohes Bildungsniveau der Mutter
Psychische Erkrankung (Depressivität) der Mutter	Mitglied im Sportverein
Inkonsistentes Erziehungsverhalten	
	Entwicklungsförderliche Bedingung
	Hoher sozioökonomischer Status der Eltern
Phasen erhöhter Vulnerabilität	Gute Wohngegend
Wechselt vom Kiga in die Schule	
↓	↓
Belastungen	**Ressourcen**

Paul weist verschiedene risikoerhöhende Bedingungen auf: die primären kindbezogenen Risikofaktoren bestehen seit der Geburt, die sekundären Risikofaktoren sind durch die Interaktion mit der Umwelt (in diesem Fall durch die Beziehung zu den Eltern) entstanden. Die Frühgeburt ist z. B. ein struktureller Faktor, weil er sich nicht verändern lässt.

- Die Trennung seiner Eltern hat im Moment den größten Einfluss, weil sie zu einer unmittelbaren Veränderung in Pauls Leben geführt hat – sein Vater ist ausgezogen und ist somit ein diskreter Faktor. Das inkonsistente Erziehungsverhalten seiner Eltern ist dagegen ein kontinuierlicher Risikofaktor, der zwar über die Zeit und in seinem Ausmaß variiert, aber kontinuierlich vorhanden ist. Die Depression der Mutter ist ein sehr gut untersuchter Risikofaktor, der große Auswirkungen auf die kindliche Entwicklung haben kann. Entscheidend ist aber auch hier die Schwere und Chronizität der Depression (Petermann et al. 2004).
- Paul ist für die Risikofaktoren im Moment vulnerabler, weil er sich in einem Entwicklungsübergang vom Kindergarten in die Schule befindet. Dieser Übergang bringt viele Veränderungen mit sich und fordert von Paul höhere Anpassungsleistungen. Durch die Trennung seiner Eltern fallen gleich zwei große Veränderungen in den gleichen Zeitraum.
- Paul lebt aber auch unter Bedingungen, die einige Risiken abpuffern können. So ist z. B. der Patenonkel ein sehr wichtiger Schutzfaktor, da er für Paul eine weitere männliche Bezugsperson darstellt, die ihm als Modell dienen kann. Darüber hinaus ermöglichen Pauls intellektuelle Fähigkeiten, die eigenen Probleme gut zu lösen, und seine Selbststeuerungsfähigkeiten helfen ihm z. B., seine Ängste vor der neuen Situation (Schule) zu bewältigen.
- Der hohe sozioökonomische Status der Eltern und das Wohnen in einer guten Wohngegend sind hier keine Schutzfaktoren, sondern entwicklungsförderliche Bedingungen, weil sie keine direkte Pufferwirkung auf die risikoerhöhenden Bedingungen haben. Sie unterstützen allerdings Pauls Entwicklung positiv.

In dem Zusammenspiel der risikoerhöhenden oder -mildernden Bedingungen interagieren verschiedene Mechanismen und Prozesse. In der Resilienzforschung stehen derzeit auch weniger die einzelnen Risiko- und Schutzfaktoren im Vordergrund, sondern mehr die verschiedenen Wirkmechanismen und Interaktionsprozesse (Wustmann 2004, Bengel et al. 2009) – auch hinsichtlich des Zusammenspiels zwischen den verschiedenen Ebenen Kind, Familie und soziales Umfeld (Zander 2008). „Der Forschungsschwerpunkt hat sich damit von relativ allgemeinen Faktoren hin zu differentiellen Entwicklungsprozessen verlagert" (Lösel/Bender 2008, 70), weil nur allein das Wissen um Schutzfaktoren, noch keine konkrete Aussage über Resilienz und Fördermöglichkeiten zulässt. Nur wenn klarer wird, welche Prozesse welche Rolle spielen, können die Schutzfaktoren differenzierter z. B. für Förderung genutzt werden.

Resilienzmodelle

Im Zusammenhang mit der Erforschung von Wechselwirkungen zwischen Risiko- und Schutzfaktoren sind verschiedene Modelle entstanden, die von Masten/Reed (2002) drei Forschungsansätzen zugeordnet werden können:

1. Der variablenbezogene Ansatz:
Hier steht das Zusammenspiel von Risiko- und Schutzfaktoren im Vordergrund und die Frage, welche Ergebnisse sich daraus ableiten lassen bzw. wie sie die Entwicklung des Kindes beeinflussen.

2. Der personenzentrierte Ansatz:
Bei diesem Ansatz werden auf individueller Ebene unterschiedliche Entwicklungen im Hinblick auf die verschiedenen Risiko- und Schutzfaktoren betrachtet.

3. Der entwicklungspfadbezogene Ansatz:
Dieser Ansatz widmet sich verstärkt resilienten Entwicklungsverläufen und bezieht die zeitliche Perspektive stärker mit ein.

Der variablenbezogene Ansatz wird in weitere Wirkmodelle unterteilt:
- das *Kompensationsmodell*: Ausgangspunkt dieses Modells ist, dass Schutzfaktoren eine ausgleichende Wirkung für risikoerhöhende Bedingungen haben. Die Schutzfaktoren neutralisieren damit die Risikofaktoren. Dabei wird noch einmal zwischen zwei Wirkmechanismen unterschieden: Zum einen werden den jeweiligen Faktoren eine direkte Einflussmöglichkeit auf die Entwicklung des Kindes zugesprochen, wie z. B. bei der Förderung von sozialemotionalen Kompetenzen. Zum anderen wirken sie indirekt, z. B. über Elterntrainings, die das Erziehungsverhalten verbessern und damit indirekt die Entwicklung des Kindes beeinflussen.

- das *Herausforderungsmodell:* Dieses Modell setzt den Schwerpunkt auf den Bewältigungsprozess. Risiko und Stress können von dem Kind als Herausforderung erlebt werden, deren Bewältigung führt dann letztendlich zu einer Kompetenzsteigerung und neuen Bewältigungsstrategien, auf die es bei erneutem Risiko zurückgreifen kann. Voraussetzung ist das Ausmaß der Belastung, die als bewältigbar eingeschätzt werden muss.
- das *Interaktionsmodell:* Bei diesem Modell steht die interaktive Beziehung zwischen risikoerhöhenden und risikomildernden Faktoren im Vordergrund. Den risikomildernden Faktoren wird nur eine indirekte Wirkung zugesprochen. Das bedeutet, dass der Schutzfaktor nur wirksam wird, wenn eine risikogefährdende Situation vorliegt und er dann im Sinne eines Puffers wirkt.
- das → *Kumulationsmodell:* Hier steht die Anzahl der Faktoren im Vordergrund, d. h., je mehr schützende Faktoren vorhanden sind, desto höher ist die Wahrscheinlichkeit einer gelingenden Entwicklung (Wustmann 2004, Ball/Peters 2007).

Alle diese Konzepte schließen sich gegenseitig nicht aus, sondern können sich auch ergänzen bzw. ihre Wirkungen können gleichzeitig oder nacheinander auftreten (Werner 2000). Der variablenbezogene Ansatz stellt die Entstehung von Resilienz aber insgesamt zu vereinfachend dar, da er nicht den zeitlichen Verlauf und damit den entwicklungspsychologischen Aspekt berücksichtigt. Dieser wird in den personenzentrierten und entwicklungspfadbezogenen Ansätzen verstärkt einbezogen.

Kumpfer (1999) hat versucht, diese beiden Ansätze und die derzeitigen Forschungsergebnisse in einem Rahmenmodell der Resilienz zusammenzufassen: Er unterscheidet vier Einflussbereiche (der akute Stressor, Umweltbedingungen, personale Merkmale und das Entwicklungsergebnis) sowie zwei Transaktionsprozesse (das Zusammenspiel von Person und Umwelt sowie von Person und Entwicklungsergebnis).

Stressoren bzw. Belastungen treffen auf Umweltbedingungen mit spezifischen Risiko- und/oder Schutzfaktoren. Im Zusammenwirken zwischen Person und Umwelt kommen die personalen → Ressourcen bzw. Resilienzfaktoren zum Tragen. Aus diesem Zusammenspiel ergibt sich eine Anpassung, letztlich also eine Bewältigung der stressauslösenden Situationen – oder es kommt zur Fehlanpassung also zur Nichtbewältigung und damit zu einem negativen Entwicklungsergebnis.

Resilienz muss immer individuumspezifisch betrachtet werden, da es sich um eine komplexe Kind-Umwelt-Interaktion handelt.

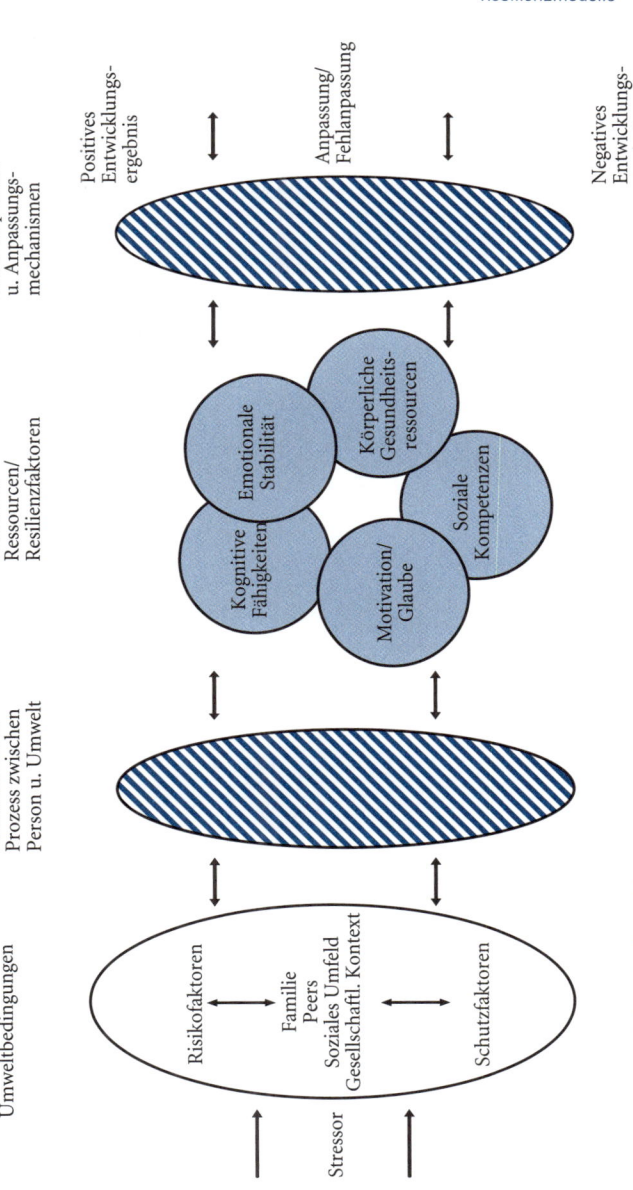

Abb. 3: Rahmenmodell von Resilienz (Wustmann 2004, 65)

Zusammenfassend kann gesagt werden, dass vor allem die verschiedenen Wirkmechanismen das Zusammenspiel von Risiko- und Schutzfaktoren moderieren und dabei folgende Punkte berücksichtigt werden müssen:

- die Kombination und Abfolge im Auftreten der Faktoren
- die Interaktion der Faktoren
- die →Kumulation der Faktoren
- die Wirkungsweise in Phasen erhöhter Vulnerabilität
- Alters- und Geschlechtsunterschiede

(Scheithauer / Petermann 1999).

Literatur

Das in dritter Auflage 2008 erschienene Buch „Was Kinder stärkt. Erziehung zwischen Risiko und Resilienz" von G. **Opp** *und M.* **Fingerle** *gibt einen guten Überblick über Diskussionslinien, Studien und Anwendungsbeispiele der Resilienzforschung.*

3

Resilienzfaktoren – personale Ressourcen

Die Schutzfaktoren einer Person werden in personale und soziale → Ressourcen unterteilt. Zu den personalen Ressourcen werden neben den kindbezogenen Faktoren die sogenannten Resilienzfaktoren gezählt. In den verschiedenen Resilienzstudien, wie z. B. der Kauai-Studie, konnten mehrere Faktoren identifiziert werden, die eine schützende Wirkung entfalten. Übergreifend ergeben sich sechs Faktoren, die die Resilienz einer Person unterstützen: Selbstwahrnehmung, Selbststeuerung, Selbstwirksamkeit, soziale Kompetenz, adaptive Bewältigungskompetenzen und Problemlösen.

Definition

Resilienzfaktoren sind „Eigenschaften, die das Kind in der Interaktion mit der Umwelt sowie durch die erfolgreiche Bewältigung von altersspezifischen Entwicklungsaufgaben im Verlauf erwirbt; diese Faktoren haben bei der Bewältigung von schwierigen Lebensumständen eine besondere Rolle" (Wustmann 2004, 46).

Die Resilienzfaktoren unterscheiden sich also von den weiteren personalen Faktoren darin, dass sie erworben werden können und nicht angeboren oder genetisch bedingt sind.

Empirisch konnten eine Reihe von protektiven Faktoren identifiziert werden, die die Widerstandskraft von Kindern gegenüber Belastungen stärken und die Bewältigungsfähigkeit von Krisensituationen verbessern. Dazu zählen:

- ein positives Selbstkonzept,
- Kommunikationsfähigkeiten,
- Kooperationsfähigkeiten,
- → internale Kontrollüberzeugungen,
- eine optimistische Lebenseinstellung,
- Planungskompetenz, Zielorientierung,
- Problemlösefähigkeiten,
- Empathie,
- aktive Bewältigungsstrategien,

- Selbstwirksamkeitsüberzeugungen,
- → realistischer Attribuierungsstil,
- Kreativität,
- Selbstregulationsfähigkeiten,
- Talente und Hobbys,
- Leistungsbereitschaft

(Masten/Reed 2002, Werner/Smith 1982, Bender/Lösel 1998, Petermann et al. 2004, Opp et al. 2008, Wustmann 2004).

Die Faktoren korrelieren mit den zehn „life skills", die von der Weltgesundheitsorganisation (World Health Organization, WHO) 1994 als Lebenskompetenzen definiert wurden.

- Selbstwahrnehmung,
- Empathie,
- kreatives Denken,
- kritisches Denken,
- Fähigkeit, Entscheidung zu treffen,
- Problemlösefähigkeiten,
- effektive Kommunikationsfähigkeit,
- interpersonale Beziehungsfertigkeiten,
- Gefühlsbewältigung,
- Stressbewältigung

(WHO 1994, übersetzt von Bühler/Heppekausen 2005).

Die WHO empfiehlt, diese Lebenskompetenzen als Grundlage für Präventions- und Interventionsprogramme zu nehmen.

Eine differenzierte Analyse der 19 Langzeitstudien zu Resilienz, einer aktuellen Querschnittstudie sowie der Auswertung von bedeutenden nationalen und internationalen Reviews und Überblicksarbeiten zur Thematik zeigt, dass auf personaler Ebene sechs Kompetenzen besonders relevant sind, um Krisensituationen, aber auch Entwicklungsaufgaben und weniger kritische Alltagssituationen zu bewältigen (siehe Abbildung 4; Rönnau-Böse 2013).

Bei diesen sechs Faktoren handelt es sich nicht um voneinander unabhängige Konstrukte, sondern sie stehen in einem engen Zusammenhang. So ist z. B. die Fähigkeit zur Selbst- und Fremdwahrnehmung ebenso wie eine gute Selbststeuerungsfähigkeit eine Voraussetzung zum Aufbau sozialer Kompetenzen usw. Eine getrennte Betrachtung ist aus analytischen Gründen sinnvoll, wird aber der Komplexität des Seelenlebens nur ansatzweise gerecht.

```
Entwicklungs-          Selbst- und Fremd-        angemessene Selbst-
aufgaben,              wahrnehmung               einschätzung und Informa-
aktuelle                                         tionsverarbeitung
Anforderungen,
Krisen                 Selbstwirksamkeit         Überzeugung, Anforderung
                       (-serwartung)             bewältigen zu können         B
                                                                              E
                                                 Regulation von Gefühlen      W
                       Selbststeuerung           und Erregung: Aktivierung    Ä
                                                 oder Beruhigung              L
                                                                              T
                                                                              I
                       Soziale Kompetenz         Unterstützung holen,         G
                                                 Selbstbehauptung,            U
                                                 Konfliktlösung               N
                                                                              G
                       Problemlöse-              allg. Strategien zur
                       fähigkeit                 Analyse und zum Bearbeiten
                                                 von Problemen

                       Adaptive Bewälti-         Fähigkeit zur Realisierung
                       gungskompetenz            vorhandener Kompetenzen
                                                 in der Situation
```

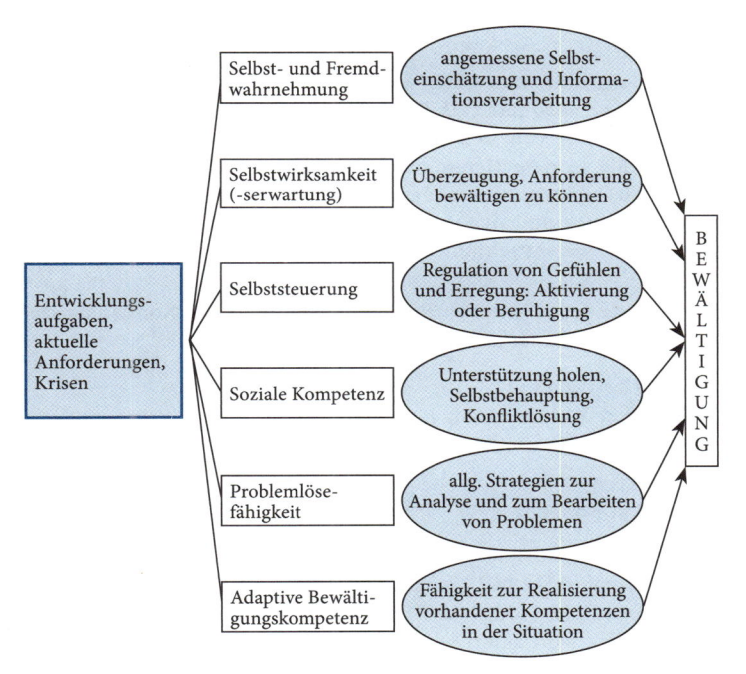

Abb. 4: Resilienzfaktoren

Selbstwahrnehmung

Eine angemessene Selbstwahrnehmung bildet eine wichtige Grundlage für das Gestalten von sozialen Beziehungen, für das Herangehen an neue Aufgaben und das Bewältigen von Schwierigkeiten und Problemen. Trotz ihrer großen Bedeutung wird die Selbstwahrnehmung in der Literatur wenig thematisiert, die meisten Ansätze berufen sich auf die Arbeit von Bem (1972).

In der Schutzfaktorenforschung gehört Selbstwahrnehmung allerdings zu den Faktoren, die empirisch am besten abgesichert sind, d. h., es ist belegt, dass dieser Faktor eine schützende Wirkung hat (Bengel et al. 2009).

So zeigte z. B. eine Langzeitstudie von Radke-Yarrow/Brown (1993) signifikante Unterschiede in der Selbstwahrnehmung von Kindern, die als resilient eingestuft wurden, und Kindern, die in „Schwierigkeiten" waren. Die resiliente Gruppe hatte eine bessere Selbstwahrnehmung auf verschiedenen Ebenen, wie z. B. die Wahrnehmung der sozialen, schulischen und körperlichen Fähigkeiten (S. 587).

> **Merksatz**
>
> Im Vordergrund einer guten Selbstwahrnehmung steht die ganzheitliche und adäquate Wahrnehmung der eigenen Emotionen und Gedanken, also von sich selbst. Gleichzeitig ist es wichtig, sich selbst dabei zu reflektieren, d. h., sich zu selbst in Beziehung setzen zu können und andere Personen ebenfalls angemessen wahrzunehmen und sich ins Verhältnis zu ihrer Wahrnehmung zu setzen (Fremdwahrnehmung).

Der Bereich der Selbstwahrnehmung umfasst also drei Konstrukte, die eng miteinander zusammenhängen:

1. Das Selbst-Konzept
2. Die Selbst-Wahrnehmung im engeren Sinne
3. Die Selbst-Reflexivität

Das Selbst-Konzept

Eine Zusammenfassung über die Forschungen und Erkenntnisse zum Selbstkonzept ist fast nicht möglich, da es die unterschiedlichsten Theorien, aber auch Methoden zur Erforschung des Selbst gibt (Greve 2000).

Das Selbst wird aufgrund seiner vielfältigen Bestandteile nicht als eine Einheit definiert, sondern in verschiedene Anteile unterteilt: Shavelson et al. (1976) nennen ein emotionales, ein schulisches und ein soziales Selbstkonzept sowie ein Körperselbstkonzept; Eggert et al. (2003) gliedern in Selbstbild, Selbstwert, Selbsteinschätzung, Fähigkeitskonzept und Körperkonzept. Diese Aspekte stehen nicht unverbunden nebeneinander, sondern beeinflussen sich wechselseitig.

Greve (2000) schließlich definiert das Selbstkonzept als eine „dreidimensionale Topographie des Selbst", in dem er es einteilt in einen kognitiven und einen emotionalen Teil, der jeweils in ein mögliches und realistisches Selbst unterschieden werden kann.

Es gibt aber auch Übereinstimmungen bei den unterschiedlichen Ansätzen: Das Selbst entsteht aus konkreten Erfahrungen. Es weist zwar einerseits eine stabile seelische Grundstruktur auf, bleibt aber andererseits dynamisch, da es durch neue Erfahrungen auch wieder veränderbar ist. Stern (1992) beschreibt das Selbst deshalb aus entwicklungspsychologischer Sicht als innere handlungsleitende Instanz. Sie resultiert aus Erfahrungen und prägt Informationsaufnahme und -verarbeitung und den Kontakt zur (Außen-)Welt (Fröhlich-Gildhoff et al. 2007a).

(Selbst-)Wahrnehmung im engeren Sinne

Schon ganz früh lernt das Kleinkind zwischen sich und anderen zu unterscheiden. Dabei spielt eine große Rolle, ob und welche Rückmeldungen es von seiner Umwelt bekommt und welche Interaktionen stattfinden. Es sind in der frühen Kindheit vor allem Körper- und Sinneserfahrungen, die die Selbstwahrnehmung dabei prägen (Fuhrer et al. 2000). Der Körper und seine Sinnessysteme sind deshalb eine wichtige Grundlage, um Informationen über sich und den eigenen Körper aufzunehmen und zu verarbeiten. Für Kinder ist es wichtig, dass schon früh ihre Gefühle gespiegelt werden. So lernen sie ihre Gefühle zu differenzieren und in das Verhältnis zu anderen Menschen zu setzen.

Wichtig ist auch die Schulung der Selbstaufmerksamkeit, d. h., Sensibilität für Wahrnehmungsinformationen zu entwickeln, wie z. B. Wahrnehmungen über den eigenen Körper oder körperliche Zustände.

Selbstreflexivität

Durch das Beurteilen des eigenen Wahrnehmungs- und Handlungsprozesses, also durch Selbstbeobachtung, selbstbezogenes Denken und den inneren Dialog (Selbstreflektivität), entwickelt sich das Selbstkonzept weiter. Kinder brauchen für diesen Prozess Anleitung und Vorbilder.

Förderung der Selbstwahrnehmung: Will man die Selbst- und Fremdwahrnehmung bei Kindern fördern, sollte der Fokus also vor allem darauf gerichtet sein, ihre Sensibilität für den eigenen Körper und die eigenen Gefühle zu erhöhen. Um die verschiedenen Gefühle und Gefühlsqualitäten unterscheiden zu lernen, brauchen Kinder Unterstützung durch Erwachsene vor allem auch darin, die Wahrnehmungen sprachlich ausdrücken zu können und sich dabei selbst zu reflektieren und ins Verhältnis zu anderen Menschen zu setzen. Das bedeutet z. B., verschiedene Wörter für das Gefühl „es geht mir schlecht" zu nutzen und zwischen Wut, Trauer oder Angst unterscheiden zu können.

„Angestrebt wird in diesem Bereich zunächst ein differenziertes und reflektiertes Bild von der eigenen Person. Dies setzt Kenntnisse der eigenen Stärken und Schwächen voraus, gleichzeitig aber auch ein gewisses Maß an positivem Selbstwertgefühl und Vertrauen in die eigenen Fähigkeiten. Das Gefühl der Einzigartigkeit der eigenen Person wird gestärkt" (Aßhauer et al. 1999, 13).

Resilienzfaktoren – personale Ressourcen

> **Merksatz**
>
> Resiliente Kinder kennen die verschiedenen Gefühle und können sie adäquat ausdrücken (mimisch und sprachlich); sie können Stimmungen bei sich und anderen erkennen und einordnen; sie können sich, ihre Gefühle und Gedanken reflektieren und in Bezug zu anderen setzen.

Selbstwirksamkeit

Der Resilienzfaktor Selbstwirksamkeit ist in der Literatur sehr gut belegt (vgl. zusammenfassend Rönnau-Böse 2013) und ist als personaler Schutzfaktor konsistent nachgewiesen. Teilweise wird der Selbstwirksamkeit auch eine besondere Stellung unter den personalen Faktoren zugeordnet, da durch sie die Ausprägung anderer Schutzfaktoren, wie z. B. der Selbstwahrnehmung, stark beeinflusst wird.

Die resilienten Kinder der Kauai-Studie waren schon im Kleinkindalter selbständiger und selbstbewusster und verfügten über gute „Selbsthilfefertigkeiten" (Wustmann 2004, 98). Sie waren zuversichtlich, hatten Vertrauen zu sich selbst und schätzten sich selber positiv ein.

Darüber hinaus hatten sie hohe → internale Kontrollüberzeugungen, d. h., Ereignisse wurden als Resultat eigener Handlungen wahrgenommen (Egle / Hoffmann 2000).

> **Definition**
>
> Vertrauen in die eigenen Fähigkeiten und verfügbaren Mittel und die Überzeugung, ein bestimmtes Ziel auch durch Überwindung von Hindernissen erreichen zu können, bedeutet selbstwirksam zu sein.

Eine große Bedeutung haben dabei die Erwartungen, ob das eigene Handeln zu Effekten führt oder nicht. Diese Erwartungen steuern schon im Vorhinein das Herangehen an Situationen und Aufgaben, damit auch die Art und Weise der Bewältigung und führen so oftmals zu einer Bestätigung des eigenen Selbstwirksamkeitserlebens.

Die Erwartungen wiederum hängen stark von den Erfahrungen ab, die ein Mensch vor allem in den ersten Lebensjahren macht (Grawe 1998). Nach den Ergebnissen der empirischen Säuglingsforschung entstehen die Wurzeln des Selbstwirksamkeitserlebens schon zwischen dem 6. und 9. Lebensmonat (Kern-Selbst-Bildung). Ausschlaggebend sind sogenannte „Urheberschaftserfahrungen" (Stern 1992) d. h., die Möglichkeit zu haben, Handlungen auf sich zu beziehen.

Die Selbstwirksamkeitserwartungen basieren nach Bandura (1977) auf vier Faktoren:

- „direkte Handlungserfahrungen,
- stellvertretende Erfahrungen,
- sprachliche Überzeugungen und
- die wahrgenommene physische Erregung"

(zitiert in Jerusalem 1990, 33).

Eigene Handlungen spielen dabei die größte Rolle, d. h., wenn eigene Handlungen Erfolg haben, stärken sie die Selbstwirksamkeitserwartung, Misserfolge schwächen sie (Jerusalem 1990, 33).

Selbstwirksame Kinder haben auch eher das Gefühl, Situationen kontrollieren zu können (→ internale Kontrollüberzeugungen), und sie können die Ereignisse auf ihre wirkliche Ursache hin realistisch beziehen (→ realistischer Attribuierungsstil).

Resiliente Kinder sind davon überzeugt, genug Kompetenzen zur Verfügung zu haben, um schwierige Situationen zu bewältigen und mit dem eigenen Handeln etwas zu bewirken. Sie sind sich ihrer Fähigkeiten bewusst.

„Die schützende Wirkung von Selbstwirksamkeit liegt vor allem in der Motivation für und Ausführung von aktiven Bewältigungsversuchen: wer nicht erwartet, mit seiner Handlung etwas zu bewirken, wird erst gar nicht versuchen, etwas zu verändern bzw. zu riskieren, sondern die Situation meiden und sich selbst negativ einschätzen. Wer hingegen positive Erwartungen hinsichtlich seiner eigenen Selbstwirksamkeit hat, wird diese auch auf neue Situationen übertragen und sich ein gewisses Schwierigkeitsniveau zutrauen" (Wustmann 2004, 101).

Fallbeispiel:
In einer 7. Klasse wird eine Mathearbeit geschrieben. Alle Kinder wurden vorher sehr gut vorbereitet. Bevor sie mit den Aufgaben begannen, wurden sie gefragt, ob sie glauben, dass sie die Arbeit schaffen. Diejenigen Schüler und Schülerinnen, die schon immer gut in Mathe waren und gute Noten schrieben, waren sich sicher, dass sie die Arbeit bestehen. Die Kinder, die meistens schlechte Noten schrieben, glaubten häufig nicht, dass sie eine gute Arbeit schreiben würden.

Nachdem die Noten bekannt gegeben worden sind, wurden die Kinder wieder gefragt. Die Kinder, die vorher gesagt hatten, dass sie die Arbeit nicht schaffen oder eine schlechte Note schreiben würden und dann die Mathearbeit trotzdem gut bestanden, führten das nicht auf ihr eigenes Können zurück. Sie schrieben ihren Erfolg dem Glück oder Zufall zu und nicht ihren eigenen Leistungen. Ein Kind mit einer hohen Selbstwirksamkeitserwartung hätte gewusst, wie es zu dem Erfolg gekommen ist und seine eigenen Kompetenzen dafür verantwortlich gemacht.

Förderung der Selbstwirksamkeit: Damit Kinder sich als selbstwirksam erleben können, müssen sie Erfahrungen machen dürfen, im Alltag beteiligt werden und Verantwortung übernehmen. Erwachsene sollten die Kinder darin bestärken, auf ihre Fähigkeiten zu vertrauen, ihnen etwas zutrauen und nicht vorschnell eingreifen, sondern sie ermutigen, auch bei Schwierigkeiten weiterzumachen. Dabei hilft insbesondere, Kindern ihre Stärken und Kompetenzen aufzuzeigen.

> **Merksatz**
>
> **Resiliente Kinder kennen ihre eigenen Stärken und Fähigkeiten und sind stolz darauf; sie können ihre Erfolge auf ihr Handeln beziehen und wissen, welche Strategien und Wege sie zu diesem Ziel gebracht haben; sie können diese Strategien auf andere Situationen übertragen und wissen welche Auswirkungen ihr Handeln hat und vor allem, dass ihr Handeln auch etwas bewirkt.**

Selbststeuerung / -regulation

Von Geburt an entwickelt das Kind die Fähigkeit, eigene innere Zustände, also hauptsächlich Emotionen und Spannungszustände herzustellen und aufrecht zu erhalten und deren Intensität und Dauer zu modulieren bzw. zu kontrollieren, und damit auch die begleitenden physiologischen Prozesse und Verhaltensweisen zu regulieren.

Dies lernt das Kind zuerst mit Hilfe seiner Bezugspersonen (dazu Papoušek 2004). Die richtige Affektabstimmung der Bezugspersonen („affect attunement" nach Stern 1992) ist deshalb wie bei der Gefühlsentwicklung ausschlaggebend für die spätere Emotionsregulation und verdeutlicht den großen Einfluss der Bezugspersonen.

„Das affektive Erleben ist eine wesentliche Grundlage dafür, dass ein Mensch von einem anderen in seinem Erleben verstanden werden kann (…), andere Menschen können sich in das Baby einfühlen, können sein Erleben erkennen, verstehen und das Kind in diesem mehr oder weniger akzeptieren" (Biermann-Ratjen 2002, 18).

Im Vordergrund steht dabei die Regulation von „arousal (Erregung, wie z. B. Schlaf- und Wachrhythmus), activity (motorische Aktivität), affect (affektive, emotionale Erregung) und attention (Aufmerksamkeit)" (Papoušek 2004, 82). Um sich selber regulieren oder steuern zu können, brauchen Säuglinge und Kleinkinder die Hilfe ihrer Bezugspersonen.

Ab dem 5. Lebensjahr können Kinder ihre Emotionen in der Regel selbständig und ohne soziale Rückversicherung regulieren.

Eine gelingende Entwicklung führt hierbei zu Empathiefähigkeit und emotionaler Perspektivenübernahme. Macht das Kind aber die Erfahrung, dass seine innere Spannung nicht durch die Bezugsperson reduziert werden kann, bleibt es in einem ständigen Spannungszustand, der z. B. durch Schreien aufrechterhalten wird. Dies wiederum führt zu Anspannungen der Bezugspersonen und es entwickelt sich ein Teufelskreis (ausführlich Papoušek 2004).

> **Merksatz**
>
> **Selbstregulation definiert sich im Zusammenhang mit Resilienz vor allem durch die Kompetenz, emotional flexibel auf unterschiedliche Belastungssituationen reagieren zu können und je nach Anforderung den Erregungszustand herauf- oder herunterzuregulieren.**

In verschiedenen Studien, wie z. B. der Kauai-Studie von Werner und Smith, zeigte sich, dass die resilienten Kinder ein sogenanntes „einfaches Temperament" hatten, d. h., sie konnten schon im Säuglingsalter leicht beruhigt werden, waren anpassungsfähig an neue Situationen und zeigten ein hohes Antriebsniveau auf (Wustmann 2004). In einer Studie von Li-Grining et al. (2006) zeigte sich, dass die Kinder, die ihr Verhalten besser kontrollieren konnten, sich leichter konzentrierten und damit bessere kognitive Fähigkeiten entwickelten (Bengel et al. 2009).

Förderung der Selbststeuerung: Zur Unterstützung der Ausbildung von Selbstregulationsfähigkeiten ist ein positives emotionales Klima in der Familie wichtig sowie der offene Umgang mit Gefühlen, z. B. durch häufige Gespräche über Gefühle. Entscheidend ist vor allem Hilfestellung bei der Emotionsregulation, z. B. indem die Gefühle angesprochen und daran Möglichkeiten des Umgangs oder Alternativen zur Verfügung gestellt werden. Für Kinder, die keine guten Selbstregulationsfähigkeiten haben, ist es sehr hilfreich wenn sie dazu angeleitet werden,

- sich selbst zu beobachten (um eigene Erregungszustände wahrnehmen zu können),
- ihre Gefühle differenziert wahrzunehmen und zu interpretieren,
- sich soziale Rückversicherung zu holen,
- „Selbstinstruktionen" zu beherrschen (für Handlungsstrategien zur Emotionsregulation),
- (neue) Handlungs- bzw. Regulationsstrategien zu entwickeln.

> **Merksatz**
>
> **Resiliente Kinder können sich und ihre Gefühlszustände selbständig regulieren bzw. kontrollieren; sie wissen, was ihnen hilft, um sich selber zu beruhigen und wo sie sich ggf. Hilfe holen können; sie kennen Handlungsalternativen und Strategien zur Selbstberuhigung. Resiliente Kinder haben gelernt, innere Anforderungen zu bewältigen und ihnen zu begegnen.**

Soziale Kompetenz

Soziale Kompetenz war von Beginn der Resilienzforschung an ein Faktor, der sich konsequent als protektiv erwies. Diese frühen Befunde werden auch durch alle weiteren Längsschnittstudien bestätigt. So zeigten in der Kauai-Studie die resilienten Jugendlichen eine höhere Sozialkompetenz, waren verantwortungsbewusster und hatten mehr Empathie als vergleichbare nicht widerstandsfähige Heranwachsende (Werner / Smith 2001). In einer Studie von Meschke und Patterson (2003) waren sozial kompetente Kinder weniger von Substanzabhängigkeit gefährdet.

Die Kompetenz, soziale Probleme lösen zu können und Empathie zu zeigen, war ein Nachweis in der Rochesterstudie für stressresiliente Kinder. Das Vorhandensein von prosozialen Fähigkeiten konnte ein positiveres Verhalten in der Schule und soziale Anpassung zwei Jahre voraussagen (Wyman 2003).

Problematisch ist aber die Vielzahl an Definitionen und Aufsätzen. Deshalb soll hier exemplarisch nur eine Definition genannt werden:

> **Definition**
>
> **Soziale Kompetenz ist die „Verfügbarkeit und angemessene Anwendung von Verhaltensweisen (motorischen, kognitiven und emotionalen) zur Auseinandersetzung mit konkreten Lebenssituationen, die für das Individuum und / oder seine Umwelt relevant sind" (Sommer 1977, 75). Das Verhalten ist dann effektiv, wenn es „dem Individuum kurz- und langfristig ein Maximum an positiven oder ein Minimum an negativen Konsequenzen bringt, gleichzeitig für die soziale Umwelt und Gesellschaft kurz- und langfristig zumindest nicht negativ, möglichst aber auch positiv ist" (Sommer 1977, 75).**

Wie sich jemand in sozialen Situationen verhält, hängt von verschiedenen Faktoren ab. Zum einen wirken die Erfahrungen, die das Kind bis dahin gemacht hat und das Alter des Kindes. Zum anderen wirkt die

Situation auf das Verhalten ein; wichtige Elemente sind hier die Art und Bedeutung der jeweiligen sozialen Gruppe, die geltenden Normen und Regeln, aber auch die Komplexität der Situation.

Bei der Betrachtung sozialer Kompetenz lassen sich unterschiedliche Elemente vertiefen:

Die Wahrnehmung und die Interpretation sozialer Situationen; Informationsverarbeitung: Hier wird eine deutliche Überschneidung mit den Resilienzfaktoren Selbstwahrnehmung und Selbstwirksamkeit deutlich – soziale Kompetenz wird von der Wahrnehmung und Verarbeitung der Informationen in sozialen Situation beeinflusst. Hat jemand ein geringes Selbstwerterleben, wird das Verhalten davon beeinflusst und schränkt die Handlungsmöglichkeiten in der sozialen Situation ein.

Emotionale Kompetenz und Empathie: Ein wichtiges Element sozialer Kompetenz ist emotionale Kompetenz, also die Fähigkeit, sich seiner eigenen Gefühle bewusst zu sein und diese sprachlich ausdrücken und regulieren zu können. Empathie, d. h. das Vermögen, sich in jemand hinein zu versetzen und dessen Gedanken und Gefühle nachvollziehen zu können, ist darüber hinaus ein entscheidender Faktor der emotionalen Kompetenz. Auch hier spielt differenzierte Wahrnehmung eine große Rolle.

Verhaltensmöglichkeiten in der Situation (Bestandteile von Kommunikation): Die Grundfähigkeiten zur Kommunikation werden in der Regel schon in der frühen Kindheit erlernt. Diese sind:

„a) Eröffnung, Kontaktaufnahme: Blickkontakt, Mimik und Gestik (Lächeln!), Worte und Angebote
b) Aufrechterhaltung: Anwendung von Kommunikationsregeln (ausreden lassen, zuhören, Pausen), Wahrung angemessener (räumlicher) Distanz, ‚Spiegeln' von Worten oder Emotionen, angemessenes Abgrenzen, Komplimente geben und empfangen können, (konstruktive) Kritik üben und annehmen können
c) Beendigung: Verabschiedung und Abgrenzung bei ‚negativem' Einfluss" (Fröhlich-Gildhoff et al. 2007a).

Die spezifische Verhaltensrealisierung vor allem bei der Lösung von Konflikten und bei der Selbsteinbringung bzw. -behauptung: Selbstbehauptung ist die Fähigkeit, eigene Ansprüche und Bedürfnisse in angemessener, nichtaggressiver Form durchzusetzen. Es geht auch um die Fähigkeit, „nein" sagen zu können, Wünsche zu äußern und Forderungen zu stellen. Dafür müssen die eigenen Interessen aber überhaupt erst erkannt werden und – wie schon bei den anderen Elementen – die Situation muss adäquat wahrgenommen werden.

Die selbstreflexive Beurteilung von Konsequenzen: Sozial kompetente Menschen können ihr Verhalten alleine oder mit der Unterstützung durch andere beurteilen und daraus Konsequenzen für nachfolgende Situationen ziehen (Fröhlich-Gildhoff et al. 2007a, 20ff.).

Förderung der sozialen Kompetenz: Zunächst brauchen Kinder für die Entwicklung von sozialer Kompetenz Erwachsene als Modell, deren Emotionen, Mimik und Gestik nachvollziehbar und stimmig sind. An diesem Beispiel lernen Kinder, Reaktionen adäquat einschätzen zu können und Handlungsabsichten nachzuvollziehen. Darüber hinaus können klare Regeln und Abläufe bei der Lösung von Konflikten und deren Reflexion helfen, sich in andere hineinzuversetzen und Lösungsstrategien zu entwickeln.

> **Merksatz**
>
> **Resiliente Kinder können auf andere Menschen zugehen und Kontakt aufnehmen; sie können sich in andere einfühlen und soziale Situationen einschätzen; sie können sich aber auch selbst behaupten und Konflikte adäquat lösen.**

Adaptive Bewältigungskompetenz

Adaptive Bewältigungskompetenz impliziert an sich schon eine resiliente Entwicklung. „Die Kompetenz zeichnet sich durch die Fähigkeit aus, flexible Copingstrategien je nach Ausgangslage einzusetzen" (Rönnau-Böse 2013, 96). Das sind in den meisten Fällen aktive Strategien, wie z. B. sich Informationen zur Bewertung der Situationen zu suchen, sich Unterstützung zu holen oder eine direkte Auseinandersetzung mit dem bzw. aktives Herangehen an das Problem.

Der Begriff der Bewältigung hängt eng mit dem interaktionistischen Stresskonzept von Lazarus und Mitarbeitern und mit dem Copingbegriff zusammen (vgl. z. B. Lazarus / Launier 1981).

> **Definition**
>
> **Stress ist „jedes Ereignis, in dem äußere und innere Anforderungen (oder beide) die Anpassungsfähigkeit eines Individuums (oder sozialen Systems) oder eines organischen Systems beanspruchen oder übersteigen" (Lazarus / Launier 1981, 226).**

Wenn die Anforderungen die Anpassungsfähigkeiten der Person überfordern und ein Ungleichgewicht zwischen Person und Umwelt besteht, entsteht also Stress (Faltermaier 2005). Dabei wird zwischen drei verschiedenen Stressfaktoren unterschieden:

- Entwicklungsaufgaben,
- kritische Lebensereignisse,
- alltägliche Belastung

(Faltermaier 2005).

Meistens kommt es zu einer Häufung von Stressfaktoren, die dann in ihrer Summe die Bewältigungsmöglichkeiten der Person übersteigen. Wenn zu viele solcher Situationen auftreten, kann es auch passieren, dass Probleme, die früher bewältigt werden konnten, jetzt nicht mehr gelöst werden können.

Wie stressig eine Situation empfunden wird, hängt immer von den subjektiven Bewertungen der Person ab. Diese Bewertungen laufen nach Lazarus/Launier (1981) in einem dreistufigen Prozess ab, bei dem erstens eingeschätzt wird, wie die Situation empfunden wird (unwichtig, positiv-angenehm, stressbezogen) und zweitens welche Möglichkeiten zur Bewältigung zur Verfügung stehen. In einem dritten Schritt kommt es zu einer Neubewertung der Situation, die Bewertung eins und zwei verändern kann. Die Art der Bewertungen ist abhängig von bisherigen Lebenserfahrungen, von Möglichkeiten der kognitiven Informationsverarbeitung, dem Verstehen von Situationen, Fähigkeiten zur Emotionsregulation bzw. Selbststeuerung. Hier wird ebenfalls ein deutlicher Zusammenhang mit den anderen beschriebenen Resilienzfaktoren erkennbar.

Die Bewältigung der stresserzeugenden Situation hängt mit dem Ausgang der Bewertung zusammen. Nach Aßhauer et al. 1999 ist es wichtig, für eine gelingende Stressbewältigung ein Verständnis für die Stresssituation zu gewinnen, das bedeutet konkret:

„1. Kennenlernen eines anschaulichen Stressmodells
2. Wahrnehmung eigener Stressreaktionen
3. Erkennen von Stresssituationen
4. Einsatz von Bewältigungsstrategien"
(Aßhauer et al. 1999, 15).

Die Bewältigungsformen werden unterschieden in „offene Handlungen" (Problemlöseverhalten, Vermeidungs-, Flucht- und Angriffsverhalten, Suche nach sozialer Unterstützung, Entspannungsübungen oder Konsum von Genussmitteln) und „innere psychische Vorgänge" (Verdrängung, Verharmlosung, Ablenkung, Selbstbemitleidung oder positive Selbstermutigung) (Aßhauer et al. 1999, 15).

Werner (2008) berichtet, dass die widerstandsfähigen Kinder der Kauai-Studie stresserzeugende Situationen besser einschätzen konnten und ein vielfältiges Repertoire an flexiblen Bewältigungsstrategien zur Verfügung hatten.

In der Studie von Hetherington (1989) zeigten die Kinder, die gut mit der Scheidung und Wiederheirat ihrer Eltern umgehen konnten, dass sie beharrlich, kompetent und flexibel im Umgang mit stressauslösenden Situationen waren (S. 12). Und auch in der Bielefelder Invulnerabilitätsstudie (Bender/Lösel 1998) zeigten die Jugendlichen aktives Bewältigungsverhalten und weniger Vermeidungsstrategien, indem sie sich mit ihrer Heimsituation konstruktiver auseinandersetzten als die Vergleichsgruppe.

Förderung der adaptiven Bewältigungskompetenz: Die Förderung dieses Resilienzfaktors wird unterstützt, wenn mit Kindern reflektiert wird, was für sie stressauslösende Situationen sind und welche Strategien für sie hilfreich sind. Das können Entspannungsübungen sein, aber auch bewegungsförderliche Angebote, das Aufzeigen von Unterstützungspersonen und Orte, an denen sie sich zurückziehen können.

> **Merksatz**
>
> **Resiliente Kinder können für sie stressige Situationen einschätzen, d. h., sie erkennen, ob sie für sie bewältigbar sind, und kennen ihre Grenzen; sie kennen Bewältigungsstrategien und können diese anwenden; sie wissen, wie sie sich Unterstützung holen können und wann sie diese brauchen; sie können die Situationen reflektieren und bewerten.**

Problemlösen

Problemlösen ist eine lebens- und lernbereichsübergreifende Kompetenz. Diese Fähigkeit ist notwendig, um Schwierigkeiten bewältigen zu können, aber auch für die allgemeine Weiterentwicklung und Ausbildung von Gehirnstrukturen. Dabei kommt es auch darauf an, in besonders belasteten Situationen Entscheidungen treffen zu können.

> **Definition**
>
> **Unter Problemlösen wird die Fähigkeit verstanden, „komplexe, fachlich nicht eindeutig zuzuordnende Sachverhalte gedanklich zu durchdringen und zu verstehen, um dann unter Rückgriff auf vorhandenes Wissen Handlungsmöglichkeiten zu entwickeln, zu bewerten und erfolgreich umzusetzen" (Leutner et al. 2005, 125).**

Die Problemlösefähigkeit wird dann nach Laux (1992) weiterhin in Teilkompetenzen unterteilt:

- Entdeckungskompetenz,
- Zielfindungskompetenz,
- Planungskompetenz,
- Entscheidungskompetenz,
- Handlungskompetenz.

Für die Entwicklung von Resilienz manifestieren sich die Problemlösefähigkeiten vor allem durch die Kompetenz, zielorientiert Pläne zu verfolgen und auch trotz auftretender Belastungen effektive Strategien zur Erreichung der Ziele zu entwickeln. Diese Zielorientierung motiviert, sich Belastungen und Problemen zu stellen. Planungskompetenz beinhaltet eine Analyse der eigenen Ressourcen im Hinblick auf evtl. auftretende Problemstellungen und lässt das Individuum realistischer und besser vorbereitet auf schwierige Situationen reagieren. Entscheidungen können so leichter getroffen und Strategien effektiver auf unbekannte Situationen angewandt werden (vgl. Rönnau-Böse 2013, 92).

Die erfolgreiche Lösung eines Problems führt zu einer Weiterentwicklung allgemeiner kognitiver und „wissensunabhängiger Kompetenzen" (Hüther / Dohne 2006). Damit dies passiert, darf das Kind weder unter- noch überfordert sein, und es muss in seiner „Zone der nächsten Entwicklung" (Vygotskij 2002) liegen, d.h. seine nächsten anstehenden Entwicklungsschritte berücksichtigen. Das Problem muss für das Kind aktuell sein, es interessieren und die Lösung muss erreichbar sein.

Der Problemlösezyklus

Nach Meichenbaum (1995) gibt es einen sechstufigen Problemlösezyklus:

1. Problemanalyse,
2. Benennung von Alternativen und Möglichkeiten,
3. Beschaffung näherer Informationen unter Berücksichtigung der Ziele,
4. Auflistung der Vor- und Nachteile aller Möglichkeiten,
5. Entscheidungsfindung und Benennung,
6. Überprüfung der Entscheidung, ggf. Modifikation.

Dabei können unterschiedliche Problemlösestrategien angewandt werden:

- Versuchs- / Irrtumsverhalten: Bei diesem Verhalten versucht die Person durch unspezifisches Ausprobieren zu einer Lösung zu kommen.

- Systematische Ziel- / Mittelanalyse: Das Problem wird in Teilbereiche unterteilt, um schrittweise zum Ziel zu gelangen.
- „Problemlösen durch Analogie: mit diesem Verfahren werden bereits bekannte Lösungsstrukturen auf ein neues Problem angewandt" (Beinbrech 2003, 54); es werden also Strukturen bisher bekannter Problemlösungen zur Orientierung genutzt, um das aktuell vorliegende Problem zu lösen.
- „Situations- und Zielanalyse" (Beinbrech 2003, 54): Hier wird das Problem auf die Bedeutung hin untersucht, d. h. zu fragen, in welcher Beziehung steht es zu mir, was möchte ich oder auch nicht.
- „Vorwärts- und Rückwärtssuche" (Dörner 1976): hierbei geht es darum, nicht nur vom Anfangszustand zum Endzustand nach Lösungsmöglichkeiten zu suchen, sondern sich auch die Situation bzw. das Problem vom Endzustand her zu betrachten und Wege zur Ausgangssituation zu finden.

Je älter Kinder werden, desto komplexer werden ihre Problemlösestrategien. Aber auch sehr kleine Kinder sind schon in der Lage ganz einfache Zusammenhänge zu erkennen.

Die Ergebnisse der Kauai-Studie haben gezeigt, dass die resilienten Kinder besser entwickelte Problemlöse- und Kommunikationsfähigkeiten aufwiesen (Werner 2008). „Die Haltung der resilienten Kinder war in Problemlösesituationen weniger reaktiv als vielmehr proaktiv. Sie übernahmen selbständig Verantwortung in der jeweiligen Situation und waren aktiv um Problemlösung bemüht: d. h., sie warteten nicht ab, bis ihnen jemand von außen (ein Erwachsener) das Problem abnahm oder zur Hilfe kam" (Wustmann 2004, 100). Die Kauai-Studie zeigte, dass die widerstandsfähigen Jugendlichen die Fähigkeiten hatten zu planen („planful competence") und zu überlegen. Sie waren leistungsfähig in der Schule und konnten ihre Zukunft realistisch einschätzen (Werner 2008b, 23). Dies hatte die schützende Wirkung, dass die Zielvorstellungen ihnen Orientierung und Sicherheit geben konnten (Wustmann 2004).

Förderung der Problemlösefähigkeit: Um diese Fähigkeit zu entwickeln, brauchen Kinder Erwachsene, die ihnen zutrauen, Probleme grundsätzlich alleine lösen zu können, und die erst dann Unterstützung geben, wenn das Kind darum bittet oder auch nach Ermutigung nicht zum Ziel kommt. Insbesondere der Einbezug in alltägliche Planungs- und Entscheidungsprozesse wirkt hier fördernd.

> **Merksatz**
>
> **Resiliente Kinder haben gelernt, sich realistische Ziele zu setzen; sie trauen sich, Probleme direkt anzugehen und kennen dafür Problemlösestrategien; sie sind in der Lage, verschiedene Lösungsmöglichkeiten zu entwickeln.**

Sinn und Ziele

Neben diesen sechs Resilienzfaktoren hat offensichtlich das Entwickeln persönlicher Ziele und einer subjektiven Sinngebung einen großen Einfluss auf Wohlbefinden und seelische Gesundheit; dies gilt in besonderer Weise für das junge wie hohe Erwachsenenalter. Dabei kommt es nicht nur darauf an, für sich bedeutungsvolle Zielsetzungen zu entwickeln, die dann das eigene Handeln leiten und ihm Sinn verleihen. Ebenso wichtig ist eine „flexible Zielanpassung", also das Adaptieren der persönlichen Ziele an Gegebenheiten der Realität, wenn dies notwendig sein sollte (Brunstein et al. 2007; Rönnau-Böse / Fröhlich-Gildhoff 2015).

> **Literatur**
>
> *Diese Beschreibung der sechs Resilienzfaktoren ist an die Ausführungen von* **Fröhlich-Gildhoff** *et al. (2012): „Prävention und Resilienzförderung in der Kindereinrichtung" angelehnt, und das Thema kann dort vertieft werden.*
> *Eine ausführliche Analyse der wissenschaftlichen Literatur und der Studien zu den Resilienzfaktoren findet sich bei* **Rönnau-Böse** *(2013).*
> **Brunstein**, J. C., **Maier**, G. W., **Dargel**, A. (2007): Persönliche Ziele und Lebenspläne: Subjektives Wohlbefinden und proaktive Entwicklung im Lebenslauf.

4

Prävention – Bedeutung und Wirkung

Die Ergebnisse der Resilienzforschung machen immer wieder deutlich, dass frühzeitige (und damit präventive) Unterstützung und Förderung wesentlich dazu beitragen, die Entwicklung von Kindern nachhaltig zu beeinflussen. Schutz- und Resilienzfaktoren beeinflussen diesen Prozess positiv. So ist es nicht verwunderlich, dass die Begriffe Resilienz und Prävention oft gemeinsam genannt werden. Programme, die Resilienz fördern und entwickeln, sind in der Regel auch Präventionsprogramme. Deshalb wird in diesem Kapitel näher auf den Hintergrund und die Bedeutung von Prävention eingegangen.

Der Begriff „Prävention" entstammt dem lateinischen Wort „Praevenire", also „zuvorkommen".

Merksatz

Prävention versucht durch gezielte Maßnahmen, das Auftreten von unerwünschten Zuständen (z. B. Verhaltensauffälligkeiten) weniger wahrscheinlich zu machen oder zu verhindern.

In den Gesundheitswissenschaften (z. B. Hurrelmann et al. 2004, Faltermaier 2005), aber auch in der Medizin und Psychologie / Psychotherapie werden Präventionsmaßnahmen und -konzepte nach dem Zeitpunkt, der Zielgröße und der „Reichweite" bzw. Spezifität oder Zielgruppe unterschieden:

- Bezogen auf den *Zeitpunkt* unterscheidet man primäre Prävention (die frühzeitige Krankheitsvermeidung), sekundäre Prävention (Früherkennung von Erkrankungen, um Verschlimmerungen abzuwenden) und tertiäre Prävention (Vermeidung von schweren Folgen bzw. Rückfällen).
- Hinsichtlich der *Zielgröße* können Unterscheidungen vorgenommen werden in personale Prävention (Maßnahmen sind auf einzelne Personen bezogen; ein Beispiel hierfür sind Schutzimpfungen), Verhaltensprävention (Maßnahmen sind auf – riskante – Verhaltensweisen

bezogen; es wird z. B. auf die Gefahren des Rauchens hingewiesen) und Verhältnisprävention (hier steht die Vermeidung / Veränderung krankmachender Verhältnisse im Mittelpunkt, wie z. B. bei der Sicherung des Arbeitsschutzes in Betrieben). Der Begriff der Setting-Prävention bezieht sich auf Maßnahmen, die auf eine umschriebene Umgebung, z. B. einen Kindergarten, ausgerichtet sind.
- Weiterhin kann eine Unterscheidung hinsichtlich der *Spezifität* von Maßnahmen bzw. nach deren Zielgruppen getroffen werden: Universelle oder unspezifische Präventionsmaßnahmen setzen nicht an einem spezifischen Krankheitsrisiko an, sondern versuchen allgemein gesundheitserhaltende Faktoren zu verbessern – ein Beispiel hierfür wären Programme zur Verbesserung der Fähigkeiten zur Stressbewältigung und zur Emotionsregulation. Hingegen haben selektive Präventionsmaßnahmen die Vorbeugung gezielter Fehlentwicklungen, z. B. der Entstehung gewalttätigen Verhaltens, zum Ziel. Bei indizierter Prävention geht es darum, bei bereits identifizierten Risikogruppen gezielte vorbeugende Interventionen zu gestalten. Die Unterscheidung der Spezifität hat Bezüge zur Intensität der Maßnahmen und zur Breite der zu erreichenden Zielgruppen (siehe Abbildung 5).

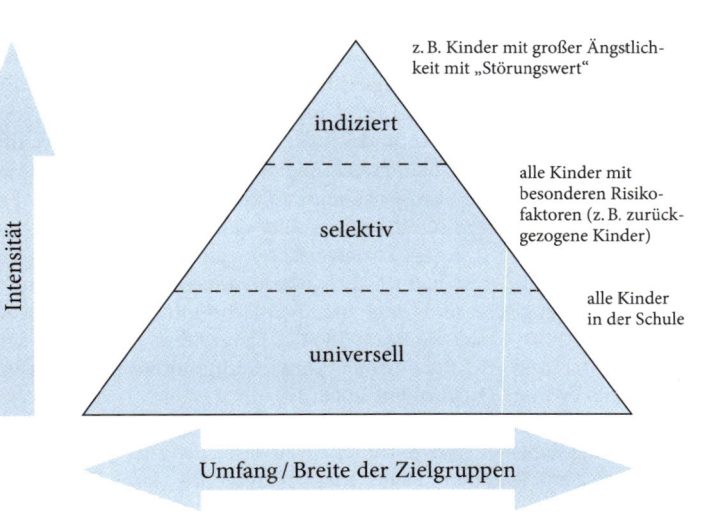

Abb. 5: Präventionsansätze

Diese Kriterien sind nicht unabhängig voneinander zu betrachten, sondern können sich überschneiden oder ergänzen.

In den Gesundheitswissenschaften wird neben der Notwendigkeit der Prävention, also dem Prinzip, Krankheitsrisiken zu vermeiden oder abzubauen, der Gesundheitsförderung ein zentraler Stellenwert beigemessen. Dabei geht es darum, gesundheitliche Ressourcen und Lebensweisen zu stärken und aufzubauen. Nach der Ottawa-Charta der WHO soll dies durch die Schaffung gesundheitsförderlicher Lebenswelten, die Unterstützung gesundheitsbezogener Gemeinschaftsaktionen, die Entwicklung allgemein persönlicher Kompetenzen sowie durch die Vernetzung von Diensten und eine gesundheitsförderliche Gesamtpolitik erfolgen. So setzt die „Gesundheitsförderung vor allem auf die Stärkung und den Aufbau von Ressourcen, um damit Gesundheit auch in ihrer positiven Ausprägung zu fördern" (Faltermaier 2005, 299). In der Praxis fallen die Ziele von Prävention und Gesundheitsförderung und auch die entsprechenden Maßnahmen in vielfältiger Weise zusammen.

Warum Prävention?

Die Wurzeln für viele Verhaltensauffälligkeiten liegen in der (frühen) Kindheit (z. B. Petermann et al. 2004, Fröhlich-Gildhoff 2013a). Die Lebenserfahrungen des Kindes im Zusammenspiel mit biologischen Ausgangsbedingungen und Risiko- und Schutzfaktoren können zu dysfunktionalen Bewältigungsstrukturen, unzureichender Problemlösefähigkeit, zu Einschränkungen bei der Affektregulation usw. führen. Auf diesem Hintergrund ist es logisch, dass möglichst frühzeitig präventive Hilfen für Eltern und Kinder realisiert werden sollten, um die Verfestigung von Verhaltensauffälligkeiten zu verhindern. Denn es gibt viele Belege dafür, dass Verhaltensauffälligkeiten und seelische Erkrankungen langfristig stabil bleiben und sich nicht verändern – so bleiben etwa Störungen des Sozialverhaltens und übermäßig aggressives Verhalten etwa ab dem 5. Lebensjahr unverändert, wenn nicht gezielte pädagogische und/oder therapeutische Interventionen erfolgen (Krahé 2001, Essau/Conradt 2004). „Langzeitbeobachtungen zeigen die Stabilität wichtiger früher Entwicklungsunterschiede bis ins Erwachsenenalter" (Kliche et al. 2008, 19).

Es ist ebenso belegt, dass die Wirkungen von vorbeugenden Maßnahmen umso besser sind, je früher sie eingesetzt werden (z. B. Greenberg et al. 2000, Beelmann 2006). Dies bedeutet, dass durch frühzeitige, vorbeugende, also präventive Maßnahmen, langfristige Fehlentwicklungen verhindert oder zumindest abgemildert werden können.

Forschungsstand

Seit Mitte der 1980er Jahre wurden auf körperlicher wie seelischer Ebene eine Vielzahl von Präventionsprogrammen realisiert (und evaluiert). In Meta-Analysen, also programmübergreifenden Vergleichsstudien, zeigt sich zunächst, dass insgesamt: „psychosoziale Präventionsprogramme weit überwiegend positive und zum Teil beträchtliche Wirkungen aufweisen" (Beelmann 2006, 157). „Die Arbeiten von Durlak und Wells (1997, 1998) geben mit → Effektstärken von d = 0.34 für universelle und d = 0.50 für selektive Präventionsmaßnahmen die wohl zuverlässigsten mittleren Effektschätzungen von Präventionsmaßnahmen wieder" (Beelmann 2006, 157); es handelt sich hierbei um „mittlere → Effektstärken", die eine geringere Belastungs- bzw. höhere Besserungsrate von ca. 15 bis 25 % erklären (Beelmann 2006, 157).

Präventionsstudien haben gezeigt (zusammenfassend z. B. die Analysen von Greenberg et al. 2000, Heinrichs et al. 2002, Beelmann 2006, v. Suchodoletz 2007, Fingerle / Grumm 2012), dass

- Programme die Kinder, deren Eltern und das soziale Umfeld erreichen müssen (multimodale oder systemische Perspektive) und in deren Lebenswelt ansetzen sollten (Setting-Ansatz),
- ein langfristig eingesetztes Programm erfolgreicher ist als kurze Programme oder einzelne Trainings,
- klar strukturierte, verhaltensnahe Übungen bessere Effekte haben als „offenere", die wenig Vorgaben machen; unstrukturierte Programme haben z. T. negative Effekte.

„Es erweist sich offenbar über alle Fragestellungen hinweg als günstig, auf strukturierte Art und Weise konkrete Verhaltenskompetenzen zu vermitteln und diese Kompetenzen tatsächlich zu üben und anzuwenden" (Beelmann 2006, 159).

Weiterhin zeigen die Studien, dass

- reine Informationen so gut wie keine Effekte zeigen,
- die Professionalität der Trainer eine (positive) Auswirkung auf die Wirksamkeit hat,
- die allgemeine Entwicklungsförderung bessere (Langzeit-)Effekte als die Prävention isolierter Verhaltensauffälligkeiten (z. B. dissoziales / aggressives Verhalten) hat.

„Bei den Programmen zur allgemeinen Entwicklungsförderung wurden insgesamt höhere Wirkungen erzielt. Es traten aber [zwischen den Programmen] große Ergebnisunterschiede auf" (Beelmann 2006, 158).

In einer Meta-Analyse untersuchten Beelmann und Lösel (2007) 84 spezifische Programme zur Prävention dissozialen Verhaltens und zur Förderung sozialer Kompetenzen. Auch diese Studie bestätigt die vorherigen Ergebnisse. Die Autoren konstatieren einen

„insgesamt positiven Effekt sozialer Trainingsprogramme. Es wird die soziale Kompetenz der Kinder und Jugendlichen durch solche Programme nachweisbar gefördert und das Ausmaß dissozialen Verhaltens verringert sich" (Beelmann/Lösel 2007, 248).

Bei durchschnittlichen → Effektstärken von d = 0,39 (Posttests) bzw. d = 0,28 (Follow-up) fand sich auch hier eine große Bandbreite von Resultaten.

Beelmann und Lösel interpretieren den Befund, dass die → Effektstärken bei Jugendlichen im Alter von 13 bis 18 Jahren und bei indizierten Programmen im Durchschnitt am höchsten sind damit, dass hier die Programme sehr spezifisch auf die Zielgruppe „gewaltanfällige" Kinder bzw. Jugendliche zugeschnitten sind und in die Nähe von Interventionsprogrammen rücken. Sie kommen zu der Schlussfolgerung:

„Die größeren Effekte indizierter Prävention sollten nicht auf Kinder mit massiv kumulierten Risikofaktoren generalisiert werden, da hier Erfolge besonders schwierig sind. Wahrscheinlich besteht eher ein umgekehrt U-förmiger Zusammenhang zwischen Risikostatus und der Effektstärke in Programmevaluationen. Kostengünstigere universelle Präventionsansätze (mit begleitender Diagnostik) wären dabei ein Einstieg in verschiedene Programmpfade, die bei den Hochrisikogruppen zu individuell zugeschnittenen, intensiven Maßnahmen führen" (Beelmann/Lösel 2007, 250).

Im Bereich der Prävention psychosozialer Störungen bzw. seelischer Erkrankungen existieren praktisch keine Studien zu Langzeiteffekten (> 1 Jahr); ebenso setzen nur sehr wenige systematisch evaluierte Studien im Vorschulalter an – ein wichtiges positives Beispiel ist die Langzeitstudie Perry Preschool Study (Schweinhart et al. 2005).

Anforderungen an Präventionsprogramme

Aus den verschiedenen Meta-Analysen lassen sich eine Reihe von Anforderungen an die Entwicklung und Durchführung (und Seriosität) von Präventionsprogrammen – auch zur Resilienzförderung – beschreiben (Heinrichs et al. 2002, Beelmann 2006, Nurcombe 2007, Röhrle 2008):

- gute theoretische Begründung, besonders orientiert an den Erkenntnissen über Schutz- und Risikofaktoren (siehe Kapitel 2);

- multimodaler Ansatz, denn Programme sind wirksamer, wenn aus einer systemischen Perspektive mehrere Zielgruppen – vor allem Eltern und Kinder – einbezogen werden und sowohl die individuelle als auch die Umwelt-Ebene (Schule, Kindergarten, berücksichtigt werden;
- inhaltlich soll an der Entwicklung von Fähigkeiten und am konkreten Verhalten angesetzt werden (verhaltensorientiertes Üben sollte Programmbestandteil sein);
- strukturierte Programme, Manuale und Curricula sollen zum Einsatz kommen; dabei ist eine Variation der (Trainings-)Methoden wichtig;
- strukturierte Ausbildung von Trainern und Unterstützung während der Umsetzung;
- länger anhaltende Dauer; nach Röhrle (2008, 246) sollten die Programme mindestens neun Monate dauern;
- zielgruppenspezifische und v. a. kulturelle Adaptation muss möglich sein, denn es gibt nicht das Programm für alle Zielgruppen, Milieus etc.;
- gute Erreichbarkeit soll gewährleistet sein, denn gute Wirkungen haben Programme, die in „natürliche" Lebensumwelten – z. B. Kindertageseinrichtungen – eingebettet sind; darüber hinaus ist ein → niedrigschwelliger Zugang (dies beinhaltet auch niedrige Kosten) von Bedeutung;
- sorgfältige → Evaluation muss durchgeführt werden, möglichst in einem Vergleichsgruppendesign mit unterschiedlichen Methoden und einer Kombination aus Prozess- und Ergebnisevaluation.

Trotz immer wieder formulierter hoher Anforderungen an die empirische Absicherung derartiger Programme haben Präventionsstudien mit einer Reihe von methodischen Problemen zu kämpfen:

- So ist oft unklar, ob die erwarteten Effekte direkt nach dem Programm eintreten oder erst nach längerer Zeit.
- Durch die Freiwilligkeit ergeben sich Probleme der Stichprobengewinnung und eines höheren „drop-outs" (vorzeitiges Ausscheiden aus der Studie).
- Die Erfolgsmaße müssen durch unterschiedliche Verfahren relativ breit erfasst werden; dadurch sind die Studien oft aufwendig.

Literatur

Hurrelmann et al. (2004): Lehrbuch Prävention und Gesundheitsförderung.
Fröhlich-Gildhoff (2013 b): Angewandte Entwicklungspsychologie der Kindheit.

5

Praxis – Programme und Kurse zu Prävention und Resilienz

In Deutschland wurden verschiedene resilienzorientierte Präventionsprogramme entwickelt. Sie können nach den Entwicklungsphasen gegliedert, also nach Vorschul- und Schulalter sowie Jugendalter unterschieden werden. Präventive, resilienzförderliche Praxis sollte aber möglichst auch immer die Arbeit mit Bezugspersonen, also in der Regel mit Eltern, einbeziehen. Auch hierfür wurde eine Reihe von Programmen entwickelt.

Programme zur Resilienzförderung sind Maßnahmen, die in den Bereich der Prävention und Gesundheitsförderung eingeordnet werden. In der Regel sind darunter Konzepte zu verstehen, die eine Stärkung der Schutzfaktoren (siehe Kapitel 2) zum Ziel haben. Sie lassen sich auch unter dem Begriff der Lebenskompetenzprogramme subsumieren, da diese nach Bühler und Heppekhausen (2005) als „Umsetzungsstrategie des Risiko- und Schutzfaktorenmodells" gesehen werden können (Bühler / Heppekhausen 2005, 20). Die Autoren bezeichnen „Lebenskompetenzförderung auch (als) potentielle Resilienzförderung" (Bühler / Heppekhausen 2005, 20), da die zehn zentralen „life skills" der WHO (1994) (siehe Kapitel 3) sich in den Resilienzfaktoren wiederfinden. Außerdem geben sie an, dass sich Lebenskompetenzprogramme dadurch auszeichnen, „dass sie einen Kanon an Fertigkeiten angeh[en]. Insofern unterscheiden sie sich von Ansätzen, die sich auf einzelne (Lebens-)Fertigkeiten konzentrieren." Resilienzförderung sollte sich ebenfalls nicht auf einzelne Resilienzfaktoren stützen, sondern integriert personale und soziale Schutzfaktoren berücksichtigen.

Nach Daniel und Wassel (2002 a, b), die eine Arbeitshilfe zur Resilienzförderung für Kinder und Jugendliche entwickelt haben, sind drei Resilienz- und Entwicklungsbausteine zentral für Resilienzförderung: eine sichere Bindung, ein positives Selbstwertgefühl, das Gefühl der Selbstwirksamkeit.

Sie entsprechen damit den Leitideen von Grotberg (2003), die drei resilienzfördernde Kategorien entwickelt hat: „1. Unterstützung von aussen (I have = ich habe) 2. innere Stärken (I am = ich bin) 3. interpersonale und Problemlösefähigkeiten (I can = ich kann)" (Grotberg 2003, zitiert bei Zander 2008, 197).

Nicht alle Programme sind ausschließlich präventiv ausgerichtet, sondern nutzen allgemein gesundheitsförderliche Elemente um störungsspezifisches Verhalten, wie z. B. Depression oder Aggression abzubauen. Die wenigsten Programme führen explizit Resilienzförderung als Ziel auf, sondern haben einzelne Resilienzfaktoren als Inhalte, wie z. B. soziale Kompetenz, Selbstwirksamkeit usw.

Wie im letzten Kapitel erläutert, lassen sich Programme nach verschiedenen Kriterien klassifizieren (Einteilung nach Risikobelastung der Zielgruppe, nach Spezifität der Maßnahme (selektive oder indizierte Prävention) oder person- versus systemorientierten Maßnahmen). Bengel et al. (2009) schlagen vor, Präventionsprogramme im Kindes- und Jugendalter anhand von Entwicklungsphasen zu gliedern, damit die altersspezifischen Schutzfaktoren berücksichtigt werden. Deshalb werden die im Folgenden vorgestellten Programme nach dem Alter der Zielgruppe unterschieden. Zusätzlich werden außerdem Programme zur Stärkung der Erziehungsfähigkeit der Eltern mit einbezogen, da die Eltern eine wichtige Rolle für die Entwicklung von Resilienz bei Kindern spielen. Programme, die das Säuglings- und Kleinkindalter fokussieren, werden unter den Konzepten für Eltern gefasst, da eine Förderung der Kinder hier in der Regel über die Verbesserung der Eltern-Kind-Beziehung und der Erziehungskompetenz erreicht wird.

Die Beschreibung einzelner Programme kann nur exemplarisch sein, da insbesondere für das Schulalter eine Vielzahl von Angeboten vorliegt. Der Anspruch an dieser Stelle ist nicht, eine vollständige Expertise über bestehende Programme zu leisten, sondern unterschiedliche Möglichkeiten der Resilienzförderung, aufzuzeigen. Es wurden auch nur solche Programme ausgewählt, deren Effektivität belegt ist. Außerdem werden nur Programme aus dem deutschsprachigen Raum berücksichtigt. Einen Überblick über Programme im Kindes- und Jugendalter findet sich z. B. bei Bengel et al. 2009, Bühler und Heppekausen 2005, Kaluza und Lohaus 2006, v. Suchodoletz 2007, Fröhlich-Gildhoff 2013. Außerdem bietet die Praxisdatenbank „www.gesundheitliche-chancengleichheit.de" eine detaillierte Übersicht über „best practice Beispiele" von Angeboten zur Gesundheitsförderung bei sozial Benachteiligten. Ein weiterer, breiter Überblick findet sich auf der Homepage www.gruene-liste-praevention.de.

Vergleicht man die Programme für das Vorschulalter mit denen des Schul- und Jugendalters wird deutlich, dass Letztere eher als Trainings konzipiert sind, die in den meisten Fällen spezifisch auf die Kinder und Jugendlichen ausgerichtet sind und dadurch mehr die personalen Faktoren der Kinder fördern, während die vorgestellten Programme für das Vorschulalter mehrere Ebenen mit einbeziehen und nicht nur Kurse oder Trainings für die Kinder beinhalten.

Präventionsprogramme für Kinder in den ersten sechs Lebensjahren

Das Kindergartenalter ist erst in den letzten Jahren in den Blickpunkt der Prävention genommen worden. Im Zuge der Ergebnisse von PISA und den damit verknüpften Anforderungen an Bildungsprogramme (Kasüschke / Fröhlich-Gildhoff 2008), aber auch durch die Studienergebnisse der Resilienz- und Kleinkindforschung wurden vermehrt auch Programme für Kinder in den ersten sechs Lebensjahren entwickelt.

Wie im vorigen Kapitel dargestellt, gibt es zwar eine Vielzahl von Präventionsprogrammen, die z. T. auch weit verbreitet sind, doch die wenigsten sind auf ihre Wirkungen hin evaluiert worden (dazu Lösel et al. 2006, Beelmann 2006). Darüber hinaus beziehen sich die meisten Programme nur auf die direkte Arbeit mit den Kindern, nur sehr wenige beziehen mehrere Ebenen mit ein. Nachweislich wurde aber belegt, dass insbesondere Konzepte, die nicht nur das Kind in die Präventionsbemühungen mit einbeziehen, sondern auch die Eltern und im besten Fall noch die Fachkräfte aus Kindergarten und Schule sowie das soziale Umfeld, die nachhaltigsten Effekte aufwiesen (siehe Kapitel 4).

In Deutschland gibt es zur Zeit drei wissenschaftlich fundierte Programme, deren Effektivität nachgewiesen wurde und die auf verschiedenen Ebenen integriert ansetzen: Papilio (Scheithauer et al. 2005), EFFEKT (Lösel et al. 2006) und Kinder Stärken! Prävention und Resilienzförderung in der Kindertageseinrichtung (PRiK) (Fröhlich-Gildhoff et al. 2012). Diese Programme werden im Folgenden genauer vorgestellt, da in den oben genannten Übersichtsarbeiten zu Präventionsprogrammen hauptsächlich Programme für Kinder ab dem Grundschulalter vorgestellt werden.

Ein weiteres, allerdings spezifisches und gut evaluiertes Programm für das Kindergartenalter, das vor allem eine Förderung der personalen → Ressourcen der Kinder zum Schwerpunkt hat, ist z. B. das FAUSTLOS-Training (sowohl für Kindergarten-, als auch für Grundschulkinder) zur Prävention von aggressivem und impulsivem Verhalten (Cierpka 2001).

Papilio

Papilio ist ein Programm für den Bereich der Kindertagesstätte und ist damit insbesondere für 3- bis 6-jährige Kinder geeignet. Das Programm stellt eine Weiterentwicklung des Rotary-Projekts „LOS – Leben ohne Sucht" dar.

Das Ziel ist eine Verminderung von Verhaltensauffälligkeiten durch Förderung von sozial-emotionalen Kompetenzen. Damit soll die Entwicklung von Gewalt und Sucht verhindert werden. Die theoretische Grundlage für das Programm basiert auf einem Konzept der entwicklungsorientierten Sucht- und Gewaltprävention und orientiert sich an verhaltenstherapeutischen Verfahren. Die drei Hauptziele des Programms sind: 1. Risiken für die Entwicklung von Sucht und Gewalt reduzieren, 2. Schutzbedingungen fördern, 3. Die altersgemäße Entwicklung unterstützen.

Papilio richtet sich an Kinder, deren Bezugspersonen sowie an die Fachkräfte in der Kindertagesstätte und berücksichtigt damit mehrere Ebenen. Die einzelnen Maßnahmen bauen aufeinander auf und sind in den Alltag der Kindertagesstätte integriert. Die Durchführung erfolgt durch die qualifizierten Erzieherinnen, die sich an standardisierten Manualen orientieren können.

Ebene der Kinder: Auf der Kinderebene wurden drei Module entwickelt, die an verschiedenen Tagen der Woche durchgeführt werden sollen:

- „Paula und die Kistenkobolde": Im Rahmen einer interaktiven Geschichte mit Hilfe von Lieder- und Hörspiel-CDs werden in fünf Einheiten (jede Woche eine) emotionale Kompetenzen gefördert. Dabei wird vor allem der Bereich der Selbst- und Fremdwahrnehmung angesprochen.
- „Spielzeug-macht-Ferien-Tag": An einem festen Tag in der Woche werden die üblichen Spielmaterialien durch Gruppen- und Interaktionsspiele ersetzt. Die Kinder sollen kreativ werden und sich eigene Spiele überlegen. Das Ziel dieses Tages ist die Förderung der sozialen Interaktion und die Wahrnehmung eigener Bedürfnisse.
- „Meins-deins-unser-Spiel": In Kleingruppen führen die Kinder verschiedene Aktivitäten durch. Für dabei vorher vereinbarte positive Verhaltensweisen (soziale Regeln) können die Kinder Punkte sammeln. Dieses Spiel basiert auf dem „Good Behavior Game" und soll prosoziales Verhalten fördern und Problemverhalten vermindern sowie das aufgabenorientierte Verhalten der Kinder und ihre Selbstregulation unterstützen.

Ebene der Eltern: Die Eltern werden in Form von themenbezogenen Elternabenden in das Programm integriert, die in verschiedenen Abständen angeboten werden. Dabei sollen Informationen über und die Vorgehensweise von Papilio vermittelt werden, sodass ein Transfer in die Familie gewährleistet wird. Damit die Eltern auch zu Hause Möglichkeiten haben, die Kinder weiter zu unterstützen, wurden verschiedene Materialien entwickelt, wie z. B. das Vorlesebuch zum Modul „Paula und die Kistenkobolde".

Ebene der Fachkräfte: Die Erzieherinnen erhalten Fortbildungen über die kindliche Entwicklung im Vorschulalter und werden in verhaltensorientierten Verfahren geschult. Dies beinhaltet z. B. deutliche Verbalisierung von Handlungsabläufen, Lob als positiver Verstärker, Auszeit, Einsetzen von Regeln und Umgang bei Nichteinhalten dieser Regeln. Die Erzieherinnen sollen dafür qualifiziert werden, die oben beschriebenen Maßnahmen eigenständig umzusetzen.

Ergebnisse der → Evaluation: Das Programm wurde von 2003 bis 2005 durch das beta-Institut für sozialmedizinische Forschung und Entwicklung gGmbH wissenschaftlich begleitet. Die Fragestellung umfasste die Wirksamkeit des Programms, d. h., es wurde gefragt, ob Papilio zu einer Verbesserung des prosozialen Verhaltens und einer Verminderung des aggressiven Verhaltens führt. Um sicherzustellen, dass die Effekte auf das Programm zurückzuführen sind, wurde ein Kontrollgruppendesign eingesetzt, d. h., es wurden nicht nur die teilnehmenden Kinder untersucht, sondern auch Kinder von Kindertagesstätten, in denen das Programm nicht implementiert worden war.

Die Stichprobe umfasste 25 Kindertageseinrichtungen der Region Augsburg mit 700 Kindern im Alter von 4 bis 7 Jahren. Die Ergebnisse der wissenschaftlichen Begleitung zeigten, dass sich der Gesamtproblemwert hinsichtlich der Verhaltensauffälligkeiten der teilnehmenden Kinder im Vergleich mit der Kontrollgruppe signifikant verbesserte. Dies allerdings nur in der Einschätzung der Erzieherinnen. Ebenso konnten verbessertes prosoziales Verhalten und höhere sozial-emotionale Kompetenzen bei den teilnehmenden Kindern nachgewiesen werden, dies sowohl nach Einschätzung der Erzieherinnen als auch der Eltern.

Literatur

Eine detaillierte Beschreibung des → Evaluationsdesigns und der Ergebnisse kann bei **Barquero** *et al. (2005): Primärprävention von Verhaltensproblemen und Förderung sozial-emotionaler Kompetenz im Kindergarten. Ein Beitrag zur ent-*

wicklungsorientierten Sucht- und Gewaltprävention. Abschlussbericht zur Evaluation des Projekts Papilio *nachgelesen werden. Die Programmordner sind beim Verlag des beta-Instituts Augsburg erhältlich:* **Mayer** et al. (2004): Papilio. Programm Ordner.

Entwicklungsförderung in Familien: Eltern und Kindertraining (EFFEKT)

Das Präventionsprogramm EFFEKT ist in eine komplexe Entwicklungs- und Präventionsstudie eingebettet. Die Erlangen-Nürnberger Studie erforscht prospektiv die Entstehung und Verfestigung von Verhaltensauffälligkeiten bei Kindern im Vorschulalter und schließt die Entwicklung und →Evaluation kind- und elternzentrierter Präventionsmaßnahmen mit ein.

Das Präventionsprogramm beinhaltet ein Kinder- und ein Elterntraining und richtet sich damit auf zwei Ebenen. Auf der Ebene der Kinder soll erreicht werden, dass die Kinder soziale Problemlösefertigkeiten erwerben und ihre sozialen Kompetenzen sich verbessern. Das Elterntraining hat das Ziel, durch konkrete Hilfen die Erziehungskompetenz der Eltern zu unterstützen.

Das Kindertraining: Das Training für 4- bis 7-jährige Kinder umfasst ein manualisiertes Gruppentraining: „Ich kann Probleme lösen (IKPL)". Es basiert auf dem amerikanischen Trainingsprogramm „I can solve problems" von Spivack und Shure (1989).

Es kann entweder drei Wochen lang täglich oder dreimal pro Woche im Zeitraum von fünf Wochen mit einer Gruppe von sechs bis zehn Kindern und zwei Kursleitern durchgeführt werden. Die Inhalte der 15 Einheiten setzen sich zusammen aus den Grundlagen der sozial-kognitiven Problemlösung (z. B. Gefühle erkennen, Gründe und Ursachen für Verhalten einschätzen können) und sozial-kognitiven Problemlösefertigkeiten (z. B. alternative Lösungsvorschläge, Bewertung von Handlungskonsequenzen). Als Methoden werden z. B. Rollen- und Modellspiele eingesetzt, Bildbetrachtungen mit Frage-Antwort-Runden sowie Sing- und Bewegungsspiele. Begleitend werden zwei Handpuppen (Ernie und Bert aus der Sesamstraße) zur Förderung der Identifikation eingesetzt.

Das Elterntraining: Das Training für Eltern von Vor- und Grundschulkindern orientiert sich an dem „Curriculum for parents with challenging children" (Dishion/Patterson 1996, Fisher et al. 1997) und ist ebenfalls manualisiert. Beginnend mit einem einführenden Elternabend finden fünf wöchentliche Sitzungen je 90 bis 120 Minuten mit 10 bis 20 Eltern statt. Der Elternkurs soll dazu beitragen, die positive Eltern-Kind-Beziehung zu stärken und Belastungen der Eltern abzubauen. Dies soll mit Hilfe der Themen „Grundregeln positiver Erziehung, Bitten und Aufforderungen, Grenzen setzen und schwierige Erziehungssituationen, Überforderung in der Erziehung sowie soziale Beziehungen in der Familie" (Lösel et al. 2006, 129) erreicht werden. Methodisch werden die Themen durch Arbeitsgruppen, Gruppendiskussionen, Rollenspiele, Hausaufgaben, strukturierte Arbeitsmaterialien und Vorträge vermittelt.

Sowohl das Kinder- als auch das Elterntraining wurden von externen Projektmitarbeitern und nicht von den Erziehern durchgeführt. Die Qualifikation zum EFFEKT-Trainer kann in einer Fortbildung für Mitarbeiter aus sozialen Berufen mit qualifizierter Berufsausbildung erworben werden und wird in Kooperation mit dem Roten Kreuz angeboten.

Ergebnisse der → Evaluation: Wie oben erwähnt, war die Evaluation des Kinder- und Elterntrainings in die Erlangen-Nürnberg-Studie eingebettet, die sehr umfassend die Entstehung und Verfestigung von Verhaltensauffälligkeiten untersuchte. Die Studie umfasste eine Prozess- und Ergebnisevaluation im Kontrollgruppendesign. Hier sollen aus Platzgründen nur die Ergebnisse des EFFEKT-Programms zusammengefasst werden:

Das Kindertraining wurde in acht Kindertagesstätten (Kitas) im Raum Nürnberg-Erlangen mit 21 Trainingsgruppen durchgeführt. Insgesamt nahmen 178 Kinder teil. An den zwölf Elternkursen nahmen 163 Mütter und 48 Väter teil. Es wurde nicht nur eine Unterscheidung zwischen Durchführungs- und Vergleichsgruppe vorgenommen, sondern es wurden darüber hinaus in der Durchführungsgruppe drei verschiedene Modelle evaluiert: a) Gruppe, in der nur die Kinder an einem Training teilnahmen, b) Gruppe, in der nur die Eltern an einem Training teilnahmen, c) Gruppe, in der sowohl die Kinder als auch die Eltern an einem Training teilnahmen. Jede der Gruppen war einer vergleichbaren Kontrollgruppe zugeordnet.

Veränderungen im Sozialverhalten der Kinder wurden durch die Beurteilung der Erzieherinnen vor und nach dem Training mit einem standardisierten Fragebogen erfasst. Um auch langfristige Effekte nachweisen zu können, wurden die Zeugnisse der ersten Grundschulklasse solcher Kinder inhaltsanalytisch ausgewertet, die ca. zwei Jahre vorher an dem Kindertraining teilgenommen hatten. Hier zeigten sich (geringe) signifikante Ergebnisse, d. h., die teilnehmenden Kinder wiesen im Vergleich zur Kontrollgruppe weniger Probleme auf.

Bei den Kindern, die an einem Training teilgenommen hatten, verringerten sich die Verhaltensprobleme im Vergleich mit der Kontrollgruppe signifikant. Wenn nur die Eltern an einem Elternkurs teilgenommen hatten, zeigten sich die geringsten Veränderungen. Die größten Effekte konnten bei den Kindern nachgewiesen werden, bei denen eine Kombination aus Kinder- und Elterntraining stattgefunden hatte. Deutlich wurde außerdem, dass vor allem die Kinder von dem Training profitierten, bei denen zu Beginn des Trainings besonders große Probleme bestanden hatten.

EFFEKT-Elternkurse gibt es inzwischen auch in einer Version für Migranten (EFFEKT-Interkulturell), für die Migrantenkinder wurde eine erweiterte Version für das Grundschulalter entwickelt, die sich an dem PATHS-Curriculum aus dem Fast-Track-Programm (Greenberg et al. 2000) orientiert.

Literatur

Auf der Internetseite http://www.effekt-training.de ist das Programm mit allen seinen Elementen näher beschrieben und es finden sich Ansprechpartner und Fortbildungstermine, sowie weitere Publikationen.
Eine ausführliche Beschreibung der Erlangen-Nürnberger Entwicklungs- und Präventionsstudie kann bei **Lösel** *et al. (2004): „Soziale Kompetenz für Kinder und ihre Familien: Ergebnisse der Erlangen-Nürnberger Entwicklungs- und Präventionsstudie" nachgelesen werden.*

Kinder Stärken! Prävention und Resilienzförderung in Kindertageseinrichtungen (PRiK)

Dieses Präventionskonzept ist das bisher einzige Modell im Kindergartenalter, das auf vier Ebenen ansetzt: Neben der Förderung der Kinder und der Unterstützung der Erziehungskompetenz der Eltern, werden die pädagogischen Fachkräfte in die Arbeit mit einbezogen und das soziale Umfeld der Kindertageseinrichtung berücksichtigt. Das Ziel des Projekts bestand darin, Kindern präventiv unterschiedliche Wege aufzuzeigen, wie sie Belastungen in einer entwicklungsförderlichen Weise bewältigen und diese Belastungen meistern können. Die Kindertagesstätten – und die dort tätigen Fachkräfte – sollten zu offenen Anlaufstellen für Familien qualifiziert werden, und dadurch gezielt präventive Angebote für Kinder und ihre Bezugspersonen machen und Vernetzungsprozesse kontinuierlich gestalten. Dabei sollte die Kindertagesstätte sowohl selbst gezielte Aktivitäten zur Resilienzförderung initiieren und realisieren als auch koordinierende Funktionen im Stadtteil entwickeln.

Erzieherebene: Für die Erzieherinnen gab es Angebote in Form von Fortbildungen, z. B. zur Durchführung von Kinder- und Elternkursen, und zum theoretischen Hintergrund von Resilienz. Außerdem wurden jeweils mit dem Gesamtteam kind- bzw. familienzentrierte Fallsupervisionen durchgeführt.

Kinderebene: Mit allen Kindern der Einrichtungen wurde das „Programm zur Prävention und Resilienzstärkung in Kindertageseinrichtungen (PRiK)" (Fröhlich-Gildhoff et al. 2012) durchgeführt. Dieser zehnwöchige Kinderkurs wird mit Kleingruppen von sechs bis acht Kindern zweimal wöchentlich durchgeführt und enthält sechs Bausteine: Selbstwahrnehmung, Selbststeuerung, Selbstwirksamkeit, soziale Kompetenz, Umgang mit Stress und Probleme lösen. Diese Bausteine orientieren sich an den aus der Resilienzforschung identifizierten Resilienzfaktoren (siehe Kapitel 3). Jeder der sechs Bausteine umfasst drei bis vier Einheiten, in denen die Themen kindgerecht aufbereitet sind. Insgesamt enthält der Kurs 20 Einheiten. Alle Einheiten und Methoden ermöglichen eine gezielte Förderung dieser Resilienzfaktoren. Damit die Wirkung aber nachhaltig ist, ist eine Verankerung im Alltag und Weitervermittlung einzelner Übungen aus dem Kinderkurs an die Eltern bzw. Bezugspersonen notwendig. Viele Dinge müssen deshalb nicht zwingend in einem Kurs durchgeführt werden, sondern können und sollten in den Alltag integriert werden.

Elternebene: Die Eltern erhielten die (regelmäßig in der Einrichtung angebotene) Möglichkeit, an Elternkursen zur Stärkung der Erziehungskompetenz und zur Unterstützung der Förderung von Resilienz im Alltag der Familien teilzunehmen. Zusätzlich gab es wöchentliche Sprechstunden zur Eltern- bzw. Familienberatung in den Kindertageseinrichtungen, die von den externen Fachkräften angeboten wurden.

Umfeldebene: Die Kindertageseinrichtungen wurden darüber hinaus im Verlauf des Projektes darin unterstützt, sich mit Einrichtungen und Vereinen im Umfeld sozialräumlich zu vernetzen.

Ergebnisse der → Evaluation: Das Konzept wurde vom Zentrum für Kinder- und Jugendforschung an der Evangelischen Hochschule Freiburg entwickelt und von 2005 bis 2007 durchgeführt. Teilgenommen haben vier Kindertageseinrichtungen in Freiburg und dem Landkreis Breisgau-Hochschwarzwald mit insgesamt 247 Kindern und 44 Erzieherinnen.

Das Programm wurde im Kontrollgruppendesign hinsichtlich der Prozesse und Ergebnisse evaluiert. Die Kontrollgruppe bestand aus fünf Einrichtungen mit insgesamt 193 Kindern und 51 Erzieherinnen.

Die Erzieherinnen erlebten sich als kompetenter, ihre Haltung veränderte sich zu einer stärker → ressourcenorientierten Sichtweise, und es zeigten sich positive Teamentwicklungsprozesse.

Durch das → Setting der Kindertagesstätte konnten ¾ der Eltern erreicht werden, etwa die Hälfte über die Elternkurse.

Aufgrund der standardisierten und normierten Tests ließ sich ein deutlicher Effekt in der Entwicklung des Selbstwertes bei den Kindern der Durchführungsgruppe erkennen: Sowohl bei den Kindergartenkindern als auch bei den Kindern, die später in der Schule nochmals befragt wurden, entwickelte sich der Selbstwert im Vergleich zur Kontrollgruppe signifikant höher.

Die spezifische kognitive Förderung war nicht primäres Ziel im Projekt. Gleichwohl stellten sich hier indirekte Effekte ein: Die Kinder können durch eine verbesserte Selbststeuerung, mehr Selbstsicherheit und größere Problemlösungsfähigkeiten die Bildungsangebote in den Kindertageseinrichtungen besser aufgreifen. Möglicherweise führt auch ein reflektierteres Verhalten der Eltern dazu, dass die Kinder angemessener in ihren Entwicklungsprozessen unterstützt werden.

Inzwischen wird das Konzept bundesweit in verschiedenen Kindertageseinrichtungen umgesetzt. Die Inhalte werden über Fortbildungen durch das Zentrum für Kinder- und Jugendforschung vermittelt und teilweise über Multiplikatoren weiter getragen.

Literatur

Eine ausführlichere Darstellung des Gesamtprojekts und aller → Evaluationsergebnisse können im Abschlussbericht von **Fröhlich-Gildhoff** et al. 2007b *nachgelesen werden. Der Kinderkurs „PRiK" mit seinen sechs Bausteinen ist bei* **Fröhlich-Gildhoff** et al. 2012 *beschrieben und auch der Elternkurs „Eltern stärken mit Kursen in Kitas" ist in manualisierter Form von* **Fröhlich-Gildhoff** et al. 2008 *erhältlich. Die Evaluation ist in zwei Artikeln (***Rönnau-Böse** et al. 2008, **Fröhlich-Gildhoff/Rönnau-Böse** 2013) *ausführlicher dargestellt. Weitere Informationen unter www.resilienz-freiburg.de.*
Die Anpassung und Evaluation des Programms „Kinder Stärken!" an die Situation in Kindertageseinrichtungen in Quartieren mit besonderen Problemlagen findet sich in **Fröhlich-Gildhoff** et al. (2011): Förderung der seelischen Gesundheit in Kitas für Kinder und Familien mit sozialen Benachteiligungen.

Präventionsprogramme für Schulkinder

Für Schulkinder existieren wesentlich mehr Programme als für Vorschulkinder; so werden allein in einer Expertise der Bundeszentrale für gesundheitliche Aufklärung (Bengel et al. 2009) zehn Programme für das Grundschulalter vorgestellt und weitere elf Projekte für die weiterführende Schule. Das liegt zum einen daran, dass der Fokus der Bildung lange Zeit hauptsächlich auf dem Schulbereich lag, zum anderen, dass sich viele Inhalte älteren Kindern leichter vermitteln lassen. Die Konzepte richten sich fast alle an die Schüler und Schülerinnen selbst und beziehen nur vereinzelt noch die Bezugspersonen mit ein. Inhaltlich konzentrieren sich die Programme sehr häufig auf zwei bis drei Resilienzfaktoren, wie z. B. Stressbewältigung, soziale Kompetenz und Selbstwirksamkeit. Kein Programm ist aber explizit als Resilienzförderung betitelt.

Im Folgenden werden exemplarisch zwei Programme vorgestellt, die jeweils verschiedene Faktoren in den Blick nehmen.

Fit und stark fürs Leben

Das Unterrichtsprogramm zur Persönlichkeitsförderung ist inzwischen ein gut etabliertes Konzept, das in vielen Schulen seit den 1990er Jahren umgesetzt wird und breite Anerkennung findet.

Im Vordergrund stehen vor allem die Prävention hinsichtlich Gewalt, Aggressionen, Stress und Sucht. Ziel ist die Entwicklung von Lebenskompetenzen, konkret die Förderung von

- Selbstwahrnehmung / Selbstwertgefühl,
- Kommunikation,
- Umgang mit Stress und negativen Emotionen,
- kreativem und kritischem Denken,
- Entscheidungsfähigkeit,
- sozialen Kompetenzen (wie z. B. Empathie),
- Problemlösefähigkeit und
- Informationsvermittlung.

Es liegen Manuale für die 1. / 2. Klasse, 3. / 4. Klasse und für die Klassen 5 / 6 und 7 / 8 vor. Die Unterrichtsmodule können fortlaufend eingesetzt, aber auch nur in einzelnen Schuljahren verwendet werden. Die Programme werden von Lehrern durchgeführt, eine Fortbildung wird empfohlen, ist aber nicht zwingend notwendig.

In jeder Klasse finden jeweils 20 Unterrichtseinheiten à 60 bis 90 Minuten statt. Die Einheiten sind ritualisiert aufgebaut und werden jeweils von Leitfiguren (in der Grundschule „Igor Igel", in der weiterführenden

Schule „Lara und Tim") begleitet. Methoden sind Rollenspiele, Entspannungsübungen, Wahrnehmungsspiele sowie Einzel- und Partnerübungen zu den oben genannten Zielen. Teilweise sind an die Einheiten Hausaufgaben, sogenannte „Detektivaufgaben" gekoppelt, die das Geübte vertiefen sollen. Die Schüler sollen z. B. erfahren, welche Stärken und Schwächen sie haben, wie sie mit diesen umgehen können und wie man miteinander kommuniziert. Die Module der 1. bis 4. Klasse werden in den 5. bis 8. Klassen aufgegriffen und vertieft und durch Themen wie Gruppenzwang, Liebe, Sexualität, Rauchen und Sucht ergänzt.

Ergebnisse der → Evaluation: Die Wirksamkeit des Programms wurde mit drei → quasi-experimentellen Interventionsstudien im Kontrollgruppendesign überprüft. Die Ergebnis- und Prozessevaluation beinhaltete die Befragung der Schüler und Lehrer zu Beginn und am Ende des Programms sowie eine Dokumentation der einzelnen Einheiten durch die Lehrer im Hinblick auf Durchführbarkeit. Die Ergebnisse zeigen Unterschiede für die jeweiligen Altersgruppen. Während in den 1./2. Klassen sich das aggressive Verhalten signifikant im Vergleich zur Kontrollgruppe verringerte, konnte bei den 3./4. Klassen eine Reduktion des ängstlich-depressiven und des delinquenten Verhaltens nachgewiesen werden. In den 5./6. Klassen zeigte sich eine Steigerung der sozialen Kompetenzen. Darüber hinaus konnten suchtpräventive Effekte im Hinblick auf das Rauchverhalten festgestellt werden (Bühler/Heppekausen 2005).

Literatur

Die Manuale mit Kopiervorlagen und theoretischer Einbettung wurden von **Burow** *et al. (1998) für die 1./2. Klasse, 3./4. Klasse und 5./6. Klasse unter dem Programmtitel „Unterrichtsidee – Fit und stark fürs Leben" veröffentlicht.*

„Grundschule macht stark! – Resilienzförderung in Grundschulen"

Dieses Programm wurde am Zentrum für Kinder- und Jugendforschung Freiburg entwickelt, erprobt und evaluiert; es basiert auf den Erfahrungen der Resilienzförderung in Kindertageseinrichtungen und setzt die Erkenntnisse der Resilienzforschung, insbesondere über die zentralen Resilienzfaktoren (vgl. Kap. 3), um.

Das Programm sollte möglichst in einem Mehrebenen-Konzept im Rahmen von Schul-/Organisationsentwicklung implementiert werden, das Konzept kann aber auch „für sich" in Klassen umgesetzt werden. Dabei sollte eine Adaptation auf die jeweilige Gruppe/Klasse erfolgen und die einzelnen Elemente sollten auch auf den pädagogischen Alltag im Unterricht übertragen werden.

Das Programm ist im Sinne eines Spiralcurriculums aufgebaut; d. h. Elemente des Konzepts werden in höheren Klassen wieder aufgegriffen. Es liegt ein Manual mit genauen Beschreibungen von Unterrichtseinheiten (i. S. eines Kursprogramms) und weiteren Anregungen für die Resilienzförderung im Unterrichtsalltag vor.

Im Rahmen des Programms können in den Klassen eins, zwei und vier jeweils zehn Einheiten zu je ca. 90 Minuten durchgeführt werden. In der Klasse drei findet der Kurs als Kompaktblock an drei Tagen statt, welchen die Klasse, wenn möglich, mit den PädagogInnen in einem Schullandheim, einer „Hütte" o. Ä. außerhalb der Schule verbringt.

- In der ersten Klasse liegt der Fokus der Förderung zunächst auf der Selbstwahrnehmung der Kinder und ihrer eigenen Gefühle sowie darauf aufbauend auf der Wahrnehmung des Gegenübers (Fremdwahrnehmung).
- In der zweiten Klasse steht die Stärkung der Selbstwirksamkeit unter dem Leitgedanken „Was ich schon kann" im Zentrum des Kurses. Diese besonderen Fähigkeiten, Begabungen, Eigenschaften und Erfolge können die Kinder in einem „Stärkebuch", das sie innerhalb des Kurses und wenn möglich darüber hinaus im Alltag regelmäßig begleitet, festhalten. Die letzten beiden Einheiten widmen sich darüber hinaus der Selbstwirksamkeit der Klasse und der Partizipation des/der Einzelnen in Form eines Klassenrates und dem Einrichten einer Wandzeitung.
- In der dritten Klasse werden die Einheiten an drei aufeinanderfolgenden Kompakttagen auf einer Hütte oder im Rahmen einer anderen Ferienfreizeitmöglichkeit angeboten. Der zentrale Förderfokus der „Hüttentage" liegt auf den sozialen Kompetenzen der SchülerInnen. Das Zusammengehörigkeitsgefühl wird durch das gemeinsame Erleben des Aufenthalts gestärkt; in verschiedenen Spielen und Aktionen üben die Kinder unterschiedliche soziale Fähigkeiten ein. Soziale Kompetenz wird hier aber auch durch die gemeinsame Planung der Freizeit sowie durch Arbeitsteilung beim gemeinsamen Kochen oder Abspülen gestärkt und die Selbständigkeit der Kinder gefördert.
- In der vierten Klasse liegt der Fokus auf der Förderung von Problemlösefähigkeit und adaptiver Bewältigungskompetenz.

Ergebnisse der → Evaluation: Das Programm wurde im Kontrollgruppendesign mit quantitativen und qualitativen Methoden evaluiert: Es zeigte sich, dass das Programm gut in der Grundschule umgesetzt werden kann, altersangemessen und praktikabel ist und die einzelnen Elemente von den Kindern gut und zumeist mit Interesse „angenommen" werden. Die LehrerInnen konnten über den Kursverlauf hinweg in nachgehenden Gesprächen Entwicklungsfortschritte bei den Kindern schildern, wie eine größere Offenheit, ein (bei einigen Kindern) gestiegenes Selbstvertrauen, einen besseren Klassenzusammenhalt sowie verbesserte soziale Kompetenzen. Eine Reihe von Programmelementen, aber auch Kurs-„Erlebnissen" lassen sich gut mit dem pädagogischen Alltag verbinden. Im Fragebogen zur Erfassung des Selbstkonzepts (SKF, Engel et al. 2010) konnten signifikante Zeiteffekte (positive Entwicklungen) in den Skalen „Soziales Selbstkonzept", „Selbstvertrauen" festgestellt werden. Als Nebeneffekt ergab das Intelligenzscreening mit dem Test CFT 20-R eine signifikante Zunahme der Rohwertergebnisse für die Durchführungsgruppe (Fröhlich-Gildhoff et al. 2012a).

Literatur

Fröhlich-Gildhoff et al. (2012a): *PRiGS – Prävention und Resilienzförderung in der Grundschule.*

Weitere Beispiele für Präventionsprogramme für das Schulalter sind z. B. „Stark im Leben" (Hinz 2005), „Klasse 2000" (Bölckei et al. 1997), „Ich bin ich – Gesundheitsförderung durch Selbstverwirklichung" (Krause et al. 2000), „Eigenständig werden" (Wiborg/Hanewinkel 2001) oder „Freunde für Kinder" (Barrett et al. 2003). Eine genauere Beschreibung der Programme ist bei Bühler und Heppekausen (2005) zu finden.

Ein multimodales Programm, das sowohl eine universelle Intervention auf den Klassenebenen 1 bis 5, eine selektive-indizierte Prävention für Familien von Risikokindern sowie eine individuell indizierte Prävention für einzelne (verhaltensauffällige) Kinder umfasst, ist das FAST (Families and Schools Together) Track Programm (Conduct Problems Prevention Research Group 2000, 2006, Fooken 2005).

Präventionsprogramme für Jugendliche

Das Thema Resilienz und Jugend(alter) ist erst jüngst in den wissenschaftlichen Fokus gerückt. Die Bewältigung der Entwicklungsaufgaben – der Umgang mit den körperlichen Entwicklungsprozessen, die Entwicklung einer eigenen Identität und eines eigenen Wertesystems, die Ablösung aus der Herkunftsfamilie und der Aufbau eigener Perspektiven – stellt Jugendliche vor besondere Herausforderungen. Die bisher aufgebaute Balance aus Risiko- und Schutzfaktoren erweist sich als nur teilweise tragfähig und Resilienz muss zum Teil neu erarbeitet werden (Steinebach / Gharabaghi 2013; Rönnau-Böse / Fröhlich-Gildhoff 2015).

Literatur

Steinebach, C., Gharabaghi, K. (2013): Resilienzförderung im Jugendalter.

Präventionsprogramme für die Zielgruppe Jugendliche beschäftigen sich häufig mit der Prävention spezifischer Suchtfaktoren. Im Mittelpunkt stehen Nikotin, Alkohol und Drogen. Dabei werden zum einen Lebenskompetenzen gefördert und die Lebensplanung zum Thema gemacht, zum anderen wird ganz spezifisch das Suchtverhalten in den Blick genommen.

Fit for Life

Dieses Trainingsprogramm für Jugendliche im Alter von 13 bis 21 Jahren beinhaltet eine allgemeine Förderung von Lebenskompetenzen, insbesondere der sozialen Fertigkeiten und emotional-kognitiven → Ressourcen. Dies geschieht mit Hilfe von zwölf Modulen:

- Motivation,
- Gesundheit,
- Selbstsicherheit,
- Körpersprache,
- Kommunikation,
- Fit für Konflikte,
- Freizeit,
- Gefühle,
- Einfühlungsvermögen,
- Lebensplanung,
- Beruf und Zukunft,
- Lob und Kritik.

Ziel ist, dass die Jugendlichen ihre eigenen Stärken und → Ressourcen kennenlernen und lernen, wie sie diese im Hinblick auf ihre Berufsziele einsetzen können. Deshalb ist ein wichtiger Aspekt auch die Reflexion der beruflichen Chancen und eine realistische Lebensplanung. Neben der beruflichen Perspektive ist ein zweiter Schwerpunkt das Freizeitverhalten als Ausgleich für Stress. Im Zuge dieser beiden Schwerpunkte wird der Umgang mit Konflikten und Gefühlen eingeübt.

Das Training kann in verschiedenen → Settings durchgeführt werden, z. B. in Schulen, Jugendhilfeeinrichtungen oder in Einrichtungen der offenen Jugendarbeit. Ursprünglich wurde es hauptsächlich für sozial benachteiligte Jugendliche entwickelt, wird inzwischen aber allgemein für Haupt- und Realschüler angewendet. Es dauert in der Regel ein halbes Jahr mit einem wöchentlichen Treffen von 90 Minuten. In der Trainingsgruppe mit sechs bis zehn Jugendlichen werden die Inhalte der Module mit Hilfe von Rollenspielen, Verhaltens- und Konzentrationsübungen, Videoaufzeichnungen, sozialen Verhaltensregeln und Feedback vermittelt.

Ergebnisse der → Evaluation: Die Wirksamkeit des Programms wurde mit Hilfe eines Kontrollgruppendesigns im → Prä-post-Vergleich und in einem dreimonatigen → Follow-up, d. h. einer weiteren Untersuchung drei Monate nach Ende des Programms, belegt. Die durchführenden Trainer konnten vor allem eine signifikante Steigerung der sozialen Kompetenzen und sozialer Problemlösefähigkeiten erkennen. Die Jugendlichen selbst schätzten sich nach dem Training weniger aggressiv ein, dies war aber kein signifikanter Effekt gegenüber der Kontrollgruppe (Bühler / Heppekausen 2005).

Literatur

In dem begleitenden Buch von **Jugert** *(2008): Fit for Life werden alle Module vorgestellt. Die dazugehörigen Arbeitsblätter sind als Kopiervorlagen enthalten und ermöglichen eine eigenständige Durchführung.*

Weitere Beispiele für Präventionsprogramme für die Altersgruppe der Jugendlichen sind „SNAKE – Stress nicht als Katastrophe erleben" (Beyer / Lohaus 2005), „ALF – Allgemeine Lebenskompetenzen und Fertigkeiten" (Walden et al. 1998), „Gesundheit und Optimismus (GO!)" (Junge et al. 2002), „Verrückt? Na und!" (Winkler et al. 2007) oder „Berliner Programm zur Suchtprävention in der Schule – BESS" (Jerusalem / Mittag 1997). Eine Übersicht findet sich bei Bühler und Heppekausen (2005) und Bengel et al. (2009).

Ein stärkenorientierter Ansatz, der über die Programmstruktur hinausgeht, ist das Konzept der „Positiven Peerkultur" (Opp / Teichmann 2008). Der Ansatz basiert auf dem Resilienzkonzept und möchte durch verstärkte Partizipation und unterstützte Selbstverantwortung Kinder und Jugendliche darin fördern, sich gegenseitig zu stärken. Nicht die Defizite sollen kompensiert, sondern das Vertrauen des Jugendlichen in die eigenen Fähigkeiten gefördert werden. Dies wird vermittelt über Erfahrungen von Erfolg, Bestätigung, Anerkennung und Respekt.

Unterstützungsangebote für Bezugspersonen

Eltern haben schon von Geburt an eine große Einflussmöglichkeit auf die Entwicklung ihrer Kinder, z. B. verläuft das Erlernen von Gefühlen bzw. der adäquate Gefühlsausdruck – und damit ein entscheidender Teil der Entwicklung der Selbstwahrnehmung – immer in Interaktion mit den Bezugspersonen, in der Regel also den Eltern.

Die Bindungsforschung (z. B. Grossmann / Grossmann 2006, Brisch 2006) geht davon aus, dass frühe Bindungserfahrungen zu einem „inneren Arbeitsmodell" („inner working model") führen, das später die Art und Weise des Bindungsverhaltens des Kindes bestimmt.

Die Resilienzforschung zeigt, dass wichtige Schutzfaktoren für eine gelingende Entwicklung, u. a. eine enge Beziehung zu einer verlässlichen Bezugsperson, eine gute Schulbildung der Bezugspersonen sowie deren kompetenter Umgang mit dem Kind sind (Werner 2008a, Bender / Lösel 1998, Petermann et al. 2004, Opp / Fingerle 2008).

Der elterliche Erziehungsstil wurde dabei besonders häufig empirisch untersucht (z. B. Schneewind 1999, Ihle / Esser 2002, Gershoff 2002). Zwei Faktoren haben sich als entscheidende Variablen für eine gesunde Entwicklung herausgestellt: „elterliche Wärme" (Fürsorge, Liebe, Zuneigung, Geborgenheit) und „elterliche Kontrolle" (klare Regeln, Grenzsetzungen, Strukturen) (z. B. Rapee 1997). Wenn diese Faktoren nicht entsprechend umgesetzt wurden, konnten eher Verhaltensauffälligkeiten bei den Kindern festgestellt werden (Gabriel / Bodenmann 2006).

Frühe Interventionen zeigen deutlichere und nachhaltigere Effekte als später einsetzende Hilfen, wenn erste Problemverhaltensweisen aufgetreten sind. Aus diesem Grund ist es sinnvoll, die Eltern früh und auf verschiedenen Ebenen zu erreichen.

Mittlerweile existiert eine Vielzahl von Programmen, die das Ziel haben, Eltern in ihrer Erziehungs- und Beziehungsfähigkeit zu stärken, um Fehlentwicklungen bei den Kindern zu verhindern oder die Erziehungskompetenzen der Eltern zu verbessern (Zusammenstellungen bei Heinrichs et al. 2002, Tschöpe-Scheffler 2003, 2006). Die Angebote lassen sich hinsichtlich ihres Strukturierungsgrades, ihrer Erreichbarkeit (hoch- oder niedrigschwellige Angebote), ihrer Zielgruppe und dahingehend, wie viele Aspekte mit einbezogen werden, unterscheiden:

- Informationen über Medien, wie z. B. Erziehungsratgeber im Fernsehen („Super Nanny"), Elternzeitschriften usw., (niedrigschwellige Erreichbarkeit)

- Programme für Eltern in belasteten Situationen, wie z. B. „HIPPY", „Opstapje – Schritt für Schritt", „Eltern-AG", „STEEP", (niedrigschwellige Erreichbarkeit, Zielgruppe „bildungsferne, sozial benachteiligte Eltern")
- Elternkurse, wie z. B. „STEP", „Starke Eltern – Starke Kinder", „Triple P" (manualisierte, strukturierte Angebote)

Darüber hinaus gibt es noch die Regelangebote, die im Kinder- und Jugendhilfegesetz (KJHG) verankert sind, wie z. B. Erziehungsberatung oder Sozialpädagogische Familienhilfe.

Durch die zunehmende Anerkennung der Bedeutung der frühen Lebensmonate für die Entwicklung, sind mehr und mehr auch Angebote entwickelt worden, die Eltern mit Säuglingen unterstützen sollen, wie z. B. Vorbereitung für Paare auf die Elternschaft durch Familienbildungsstätten, Hebammen usw. (Gregor/Cierpka 2004) oder entwicklungspsychologische Beratung für junge Eltern (Ziegenhain et al. 2004).

Tabelle 2: Vergleich der am meisten verbreiteten Elternkurse (Fröhlich-Gildhoff 2013 b)

	Menschenbild	Struktur	Weiterführende Hinweise
Gordon Familientraining	Humanistisches Menschenbild (Streben nach Selbstverwirklichung); Umsetzung eines kooperativen Erziehungsstils, Suche nach partnerschaftlichen Lösungen.	mind. 30 Std., verteilt auf mehrere Abende bzw. Wochenenden	Gordon, T. (1999): Familienkonferenz. Gordon, T. (1993): Die neue Familienkonferenz. http://www.gordonmodell.de
Kess (kooperativ, ermutigend, sozial, situationsorientiert)	Humanistisches Menschenbild; hohe Bedeutung hat das Bedürfnis nach Zugehörigkeit; der elterliche Blick soll auf die Stärken des Kindes gelenkt werden, kooperativer Erziehungsstil.	5 Treffen (je 2–3 Std.), Fortsetzungskurse werden angeboten	Horst, C. et al. (2003): Kess erziehen – Elternhandbuch. http://www.akf-bonn.de/Kess.html

▶

	Menschenbild	Struktur	Weiterführende Hinweise
STEP (Systematic Training for Effective Parenting)	Optimistische, zukunftsorientierte Grundhaltung. Der Mensch als soziales Wesen braucht das Gefühl der Zugehörigkeit. Kinder brauchen Achtung und Respekt. Sie sollen Einfluss nehmen dürfen und auf demokratische Weise in Entscheidungsprozesse miteinbezogen sein.	10 Treffen (je 2 Std.)	Dinkmeyer, D. Sr. et al. (2001): Step Elternhandbuch: Grundkurs 1. Deutsche Übersetzung von T. Kühn und R. Petcov http://www.instep-online.de
Starke Eltern – Starke Kinder® des DKSB	Humanistisches Menschenbild (Streben nach Selbstverwirklichung und Beziehungsgleichgewichten). Der Erziehungsstil soll demokratisch, konsequent sein (autoritativ, nicht autoritär!) und ohne Gewalt und Strafen auskommen.	20–30 Kursstunden, verteilt über 10 bis 12 Treffen	Honkanen-Schoberth, P. (2003): Starke Kinder brauchen starke Eltern. Der Elternkurs des Deutschen Kinderschutzbundes. http://www.starkeeltern-starkekinder.de/
Eltern stärken mit Kursen in Kitas	Humanistisches Menschenbild; Kurs setzt spezifisch an den Stärken und Bewältigungsmöglichkeiten der Eltern an; Verbindung zum Resilienzkonzept.	sechs Kurseinheiten von je 90 Min. Dauer, strukturierte Inhalte; Adaptation an die jeweilige Gruppe	Fröhlich-Gildhoff, K. et al. (2008): Eltern stärken mit Kursen in Kitas
Triple P (Positive Parenting Program)	Lerntheorie, Verhaltenstherapie; hohe Bedeutung von klaren Regeln und Konsequenzen.	Unterschiedliche „levels" der Intervention – von „Elternselbsthilfe" bis zur	Markie-Dadds, C. et al. (2002): Das Triple P Elternarbeitsbuch. Der Rat-

Menschenbild	Struktur	Weiterführende Hinweise
	Elternbegleitung im Alltag; i. d. R. vier Treffen (je zwei Stunden), anschließend vier telefonische Beratungen	geber zur positiven Erziehung mit praktischen Übungen. http://www.triplep.de/

Für frühe interaktionelle Störungen in der Eltern-Kind-Beziehung hat sich eine Eltern-Kind-Psychotherapie etabliert oder es werden Sprechstunden für „Schreibabys" angeboten (Papoušek und Papoušek 1990).

Da Elternkurse oder -trainings seit Mitte der 1990er Jahre zunehmend an Bedeutung gewinnen und in verschiedenen → Settings (Familienbildungsstätten, Kindertageseinrichtungen, Beratungsstellen usw.) zum Einsatz kommen, soll hier etwas näher darauf eingegangen werden.

Grundsätzlich lassen sich diese Kurse unterscheiden in solche, die allgemein präventiv ausgerichtet sind, also Eltern allgemein in ihrer Kompetenz stärken und ein besseres Zusammenleben von Kindern und Eltern ermöglichen wollen. Der zweite Kurstyp ist konzipiert für Eltern, deren Kinder spezifische Auffälligkeiten zeigen.

In einer Übersicht von Tschöpe-Scheffler (2004), modifiziert von Fröhlich-Gildhoff (2013b) werden die unterschiedlichen theoretischen Grundannahmen und Durchführungsstrukturen deutlich (siehe Tabelle 2):

Beispiele für solche Elternprogramme, wenn Kinder/Jugendliche bereits spezifische Auffälligkeiten zeigen, sind:

- Elterntraining als Programmbestandteil des Therapieprogramms für Kinder mit hyperkinetischem und oppositionellem Problemverhalten THOP (Döpfner et al. 2002),
- Präventionsprogramm für expansives Problemverhalten (PEP) (Hanisch et al. 2006),
- Kompetenztraining für Eltern sozial auffälliger Schüler (KES) (Lauth/Heubeck 2005),
- Prävention von Problemen des Sozialverhaltens im Vorschulalter. Eltern- und Kindertraining EFFEKT (Lösel et al. 2006),
- Psychoedukation für Eltern in der Behandlung essgestörter Jugendlicher (Hagenah/Vloet 2005).

Ein besonders intensives Konzept für Mütter aus sogenannten Hoch-Risiko-Konstellationen wurde im Rahmen der Minnesota-Längsschnittstudie von Erickson und Egeland (2004) entwickelt: STEEP – Steps toward effective and enjoyable parenting. Das Ziel dieses Programms, das auch in Deutschland implementiert wurde („Projekt Frühintervention", Suess 1999) ist die Unterstützung von Müttern beim Aufbau einer gelingenden Beziehung zu ihren Kindern. Die Mütter sollen die Signale ihres Kindes besser einordnen und dadurch adäquater auf ihr Kind eingehen können (Sensitivitätssteigerung). Das Projekt beginnt mit der Schwangerschaft und die Mütter werden bis mindestens zum zweiten Lebensjahr des Kindes begleitet.

Das Konzept wird zur Zeit im Rahmen des „Nationalen Zentrums für frühe Hilfen" des „Bundesministeriums für Familien, Senioren, Frauen und Jugend" in zwei Modellprojekten „Wie Elternschaft gelingt" umgesetzt (www.fruehehilfen.de / index.php?id=1978).

Literatur

In der Expertise von **Friederich** *(2012) wird die aktuelle Fachdiskussion zur Zusammenarbeit mit Eltern dargestellt und Kompetenzen für Fachkräfte in diesem Feld abgeleitet.*
Einen kritischen Überblick über die Landschaft der Elternbildungsangebote bieten **Wahl/Hees** *(2006): Helfen „Super Nanny" und Co?* **Tschöpe-Scheffler** *(2003) legt mit* Elternkurse auf dem Prüfstand *ihren Schwerpunkt auf Elternkurse und reflektiert diese kritisch. In ihrem zweiten Buch zu der Thematik* Konzepte der Elternbildung – eine kritische Übersicht *(2006) werden dann auch Angebote näher beleuchtet, die sich an Eltern in besonderen Problemlagen richten und über eine Kursstruktur hinausgehen.*

Die hier vorgestellten Ansätze zur Unterstützung von Bezugspersonen lassen sich miteinander kombinieren, wie z. B. Elternkurse und Elternberatung, oder sie lassen sich auch in komplexere Programme einbinden. Wie oben erläutert, ist die Wirksamkeit von Programmen umso höher, desto mehr Ebenen mit einbezogen werden (also neben der Unterstützung der Eltern ist wichtig, direkt mit den Kindern zu arbeiten und die Fachkräfte der beteiligten Einrichtungen fortzubilden). Dasselbe gilt für die vorgestellten Programme für Schulkinder und Jugendliche.

Entscheidend für die Nachhaltigkeit der Programme – und dies betrifft vor allem die kindzentrierten Trainings – ist die Verankerung in den Alltag. Das heißt, es reicht nicht, dass Kinder und Jugendliche ein zehnwöchiges Training absolvieren ohne weitere Vertiefung oder Weiterführung. Ohne eine kontinuierliche Anknüpfung an ihre Lebenswelt können die vermittelten Inhalte nur eine kurzfristige Wirkung erreichen.

Diese kontinuierliche Anknüpfung beinhaltet zum einen Elemente, die z. B. täglich oder wöchentlich in den Schulunterricht oder Kita-Alltag mit eingebaut werden und die die Kinder und Jugendlichen selbständig anwenden können, zum anderen die Weiterführung von Inhalten zu Hause, also bei den Eltern (Fröhlich-Gildhoff 2013 b).

Ein interessanter Ansatz für die Förderung der Resilienz im Alltag bietet das Beobachtungsverfahren der Bildungs- und Lerngeschichten des Deutschen Jugendinstituts (Leu et al. 2007), wobei die „learning stories" aus Neuseeland für den deutschsprachigen Raum adaptiert wurden. Das Verfahren verfolgt das Ziel, die Lern- und Entwicklungsschritte von Kindern zu beobachten und zu dokumentieren. Die Dokumentation erfolgt aber im Austausch mit den Kindern und den Eltern, sodass ein Dialog zwischen den beteiligten Personen entsteht. Die Kinder erhalten eine Rückmeldung über ihre Stärken und Fähigkeiten, die den Aus- und Aufbau von Selbstwirksamkeitsüberzeugungen unterstützen. Am Marie-Meierhofer-Institut für das Kind in Zürich wurde zwischen 2009 und 2011 ein Praxisforschungsprojekt durchgeführt, das diese Entwicklung in den Fokus nimmt (http://www.mmizuerich.ch/bildungsprojekt.html).

> **Merksatz**
>
> **Für alle Programme, die Resilienz fördern möchten, gilt, dass ihnen eine Haltung zugrunde liegen muss, die die Stärken und →Ressourcen der Beteiligten in den Blick nimmt und Kinder als aktive Bewältiger ihres Lebens wahrnimmt.**

> **Literatur**
>
> *Einen umfassenden Überblick über verschiedene Bereiche und Aspekte der Resilienzförderung bieten* **Fröhlich-Gildhoff** *et al. (2012 b): Gestärkt von Anfang an und* **Zander** *(2011): Handbuch der Resilienzförderung.*

Anhang

Glossar

autoritativer Erziehungsstil: wird auch als demokratische Erziehung bezeichnet und kennzeichnet einen Erziehungsstil, der von hoher Wertschätzung gegenüber dem Kind gekennzeichnet ist, einem Kind jedoch ebenso Regeln und Grenzen vorgibt, und es dabei in die Aushandlung der Regeln mit einbezieht; der autoritative Erziehungsstil ist einer von drei Erziehungsstilen und liegt zwischen den Polen „laissez-faire" / antiautoritärer und autoritärer Erziehungsstil.

biomedizinisches Modell: Dieses Modell bildet die Grundlage der Medizin. Ihre Betrachtungsweise ist krankheitsbezogen und geht davon aus, dass jede Erkrankung spezifische Ursachen hat und durch typische Merkmale gekennzeichnet ist. Die biomedizinische Perspektive nimmt an, dass Krankheiten beschreibbare Verläufe haben, die sich ohne medizinische Intervention verschlimmern.

Effektstärken: Effektstärke oder Effektgröße bezeichnet ein statistisches Maß, das die Größe bzw. Stärke einer Veränderung – z. B. den Mittelwert in einem Test vor und nach einer Intervention – angibt. Dabei wird diese gemessene Veränderung einer statistischen Prüfung unterzogen, um deren Bedeutsamkeit bzw. → Signifikanz zu erfassen.

Entwicklungspsychopathologie: Diese Forschungsrichtung vereint verschiedene Theorien – von der Genetik über die Entwicklungspsychologie bis zur Klinischen Psychologie – interdisziplinär in sich und beschäftigt sich mit der Erforschung biopsychosozialer Mechanismen. Der Schwerpunkt liegt dabei nicht allein auf abweichendem Verhalten, sondern bezieht sowohl risikoerhöhende als auch risikomildernde Bedingungen mit ein und untersucht deren Wechselwirkungen. Dadurch sollen frühzeitig Prognosen für abweichende Verhaltensweisen und Prozesse gemacht werden können.

epidemiologische Forschung: Diese Forschungsrichtung untersucht vor allem die Häufigkeit des Auftretens von Auffälligkeiten, Störungen und Erkrankungen. Teilweise beschäftigen sich Epidemiologen auch mit den Faktoren, die zu Gesundheit und Krankheit beitragen, und damit auch mit den Ursachen und Folgen von Krankheit und Gesundheit.

Evaluation: Eine Evaluation bewertet und analysiert Prozesse, Programme, Maßnahmen und Institutionen auf ihre Effektivität und / oder Effizienz. Eine Prozessevaluation untersucht den Verlauf z. B. einer Maßnahme, eine Ergebnisevaluation überprüft die Wirkungen eines Programms, einer Maßnahme oder einer Institution. Dafür wird z. b. ein Anfangszustand mit dem Zustand am Ende der Maßnahme etc. verglichen (→ Prä-post-Vergleich).

Follow-up: Folgeevaluation; durch eine weitere Erhebung oder Untersuchung wird z. B. die Entwicklung der Teilnehmer nach einem festgelegten Zeitraum nach Ende eines Projekts oder einer Intervention festgestellt.

inkonsistentes Erziehungsverhalten: widersprüchliches, wechselndes und für das Kind nicht nachvollziehbares Verhalten der Eltern, z. B. in Bezug auf die Einhaltung von Regeln; die Umsetzung erfolgt situativ und wenig kriteriengeleitet und ist für das Kind oft nicht durchschaubar.

internale Kontrollüberzeugung: Eine Person nimmt eintretende Ereignisse überwiegend als Ergebnis eigener Handlungen wahr. Das Gegenteil wären externale Kontrollüberzeugungen, bei denen die Person die Ereignisse dem Handeln anderer oder dem Zufall zuschreibt.

invulnerabel: unverletzlich, unverwundbar; hier: Kinder, die sich trotz risikoerhöhender Bedingungen positiv entwickelt haben, wurden zu Beginn der Resilienzforschung als invulnerabel bezeichnet.

Kohärenz: ein von Antonovsky geprägter Begriff (sense of coherence), gemeint ist ein Wahrnehmungs- und Beurteilungsmuster; eine Grundhaltung sich dem Leben und seinen Herausforderungen gewachsen zu fühlen und darüber hinaus einen Sinn darin zu sehen, die Anforderungen zu bewältigen.

niedrigschwelliger Zugang: Damit wird eine Form von Zugangswegen, Angeboten o. Ä. beschrieben, die den Zielgruppen den Zugang erleichtert, wie z. B. Kostenfreiheit, ergänzende Kinderbetreuung, vertraute Orte und Personen. Der Grundsatz der Niedrigschwelligkeit beinhaltet immer den Lebensweltbezug der Zielgruppe mit einzubeziehen, d. h. ihren Alltag und ihre sozialen Zusammenhänge.

Perspektivenwechsel: Änderung des Blickwinkels; hier: Es werden nicht nur die Risikofaktoren in die Betrachtung mit einbezogen, sondern auch die Schutzfaktoren eines Individuums.

Prä-post-Vergleich: Diese Form der Evaluation vergleicht einen Ausgangszustand zu Beginn einer Intervention bzw. eines Programms mit dem Zustand nach der Intervention. So finden z. B. vor einem Projekt Entwicklungsstanderhebungen bei Kindern statt, die mit den Erhebungen am Ende eines Projekts verglichen werden können. So kann untersucht werden, ob sich Veränderungen bei der Zielgruppe ergeben haben. Um abzusichern, dass die Veränderung mit großer Wahrscheinlichkeit auf die Intervention / das Programm zurückgeht, muss auch eine Vergleichs- bzw. Kontrollgruppe – die nicht am Projekt teilgenommen hat – mit den gleichen Instrumenten im Prä-post-Vergleich untersucht werden.

Prävalenz: Auftretenshäufigkeit von Krankheiten oder Verhaltensauffälligkeiten; sie beschreibt wie viele Personen einer bestimmten Gruppe an einer bestimmten Krankheit erkranken bzw. eine Verhaltensauffälligkeit entwickeln.

psychophysiologische Faktoren: körperliche Begleitprozesse oder Reaktionen auf seelische Zustände, z. B. Gefühle (Emotionen).

quasi-experimentell: Damit ist ein Untersuchungsdesign einer Evaluation gemeint, das eine Teilgruppe der Teilnehmer einer Studie gezielten Intervention bzw. Maßnahme „unterzieht" – und die andere Teilgruppe nicht (Kontrollgruppendesign; → Prä-post-Vergleich). Im Unterschied zu einem experimentellen Design werden die TeilnehmerInnen aber nicht zufällig der Durchführungs- bzw. Kontrollgruppe zugeordnet, sondern meist aufgrund pragmatischer Kriterien (Kinder aus einem Kindergarten nehmen am Training teil, die Kinder aus einem anderen, vergleichbaren Kindergarten nicht).

realistischer Attribuierungsstil: die realitätsangemessene Zuschreibung, also subjektive Erklärung für den Erfolg oder Misserfolg vergangenen Verhaltens bzw. vergangener Ereignisse; die Zuschreibungen führen zu unterschiedlichen Erfolgserwartungen in der Zukunft. Jemand der sich realistisch einschätzt, kann auch besser den Erfolg oder Misserfolg von zukünftigem Verhalten beurteilen.

Responsivität: hier: Fähigkeit der Eltern, die Signale und Bedürfnisse ihres Säuglings zu erkennen und feinfühlig darauf zu reagieren.

Ressourcen: hier: aktuell verfügbare Potenziale bzw. Fähigkeiten, die die Entwicklung unterstützen (Petermann / Schmidt 2006).

Salutogenese: Modell der Gesundheitswissenschaft, das nach den Entstehungs- und Erhaltungsbedingungen von Gesundheit fragt; der Begründer Aaron Antonovsky entwickelte diesen Ansatz gegen die einseitige Sichtweise der Pathogenese.

Setting: hier: die Rahmenbedingungen oder sozialen Systeme in denen ein Programm durchgeführt wird, z. B. das Setting Kindergarten oder Schule.

Signifikanz: statistischer Begriff für das überzufällige Auftreten eines Ereignisses, z. B. der Unterschied zwischen den Mittelwerten der Testergebnisse zweier untersuchter Gruppen; anhand klarer statistischer Verfahren lässt sich berechnen, mit welcher Wahrscheinlichkeit ein solcher Unterschied überzufällig ist.

unsichere Bindungsorganisation: Der Begriff kommt aus der Bindungstheorie und beschreibt eine bestimmte Art eines Menschen eine Beziehung einzugehen. Nach der Bindungs-Theorie gibt es vier verschiedene Bindungsmuster: „sicher gebunden", „ambivalent gebunden", „vermeidend gebunden" und „desorganisiert gebunden". Eine unsichere Bindungsorganisation ist ein Überbegriff für die drei letztgenannten Bindungsmuster.

Literatur

Alvord, M. K., Grados, J. J. (2005): Enhancing resilience in children: a proactive approach. Professional Psychology: Research and Practice, 36 (3), 238–245
Antonovsky, A. (1997): Salutogenese. DGVT-Verlag, Tübingen
Aßhauer, M., Burow, F., Hanewinkel, R. (1999): Fit und stark fürs Leben. 3. und 4. Schuljahr. Persönlichkeitsförderung zur Prävention von Aggression, Stress und Sucht. Ernst Klett, Stuttgart
Ball, J., Peters, S. (2007): Stressbezogene Risiko- und Schutzfaktoren. In: Seiffge-Krenke, I., Lohaus, A. (Hrsg.): Stress und Stressbewältigung im Kindes- und Jugendalter. Hogrefe, Göttingen, 126–143
Bandura, A. (1977): Social learning theory. Prentice-Hall, Englewoods Cliff, NJ
Barquero, B., Scheithauer, H., Mayer, H., Heim, P., Meir-Brenner, S., Erhardt, H. (2005): Primärprävention von Verhaltensproblemen und Förderung sozialer-emotionaler Kompetenz im Kindergarten. Ein Beitrag zur entwicklungsorientierten Sucht- und Gewaltprävention. Abschlussbericht zur Evaluation des Projekts Papilio. beta-institut, Augsburg
Barrett, P., Webster, H., Turner, C. (2003): Freunde für Kinder. Gruppenleitermanual. Trainingsprogramm zur Prävention von Angst und Depression. Ernst Reinhardt, München
Beebe, B., Lachmann, F. (2002): Säuglingsforschung und die Psychotherapie Erwachsener. Klett-Cotta, Stuttgart
Beelmann, A. (2006): Wirksamkeit von Präventionsmaßnahmen bei Kindern und Jugendlichen. Ergebnisse und Implikationen der integrativen Erfolgsforschung. Zeitschrift für Klinische Psychologie und Psychotherapie 35 (2), 151–162
Beelmann, A. , Lösel, F. (2007): Entwicklungsbezogene Prävention dissozialer Verhaltensprobleme. Eine Meta-Analyse zur Effektivität sozialer Kompetenztrainings. In: Suchodeletz, W. v. (Hrsg.): Prävention von Entwicklungsstörungen. Hogrefe, Göttingen
Beinbrech, C. (2003): Problemlösen im Sachunterricht der Grundschule: Eine empirische Studie zur Gestaltung von Lehr-Lernumgebungen im Hinblick auf die Förderung des Problemlöseverhaltens im Sachunterricht. http://miami.uni-muenster.de/servlets/DerivateServlet/Derivate-1307/Diss_Beinbrech.pdf, 03.01.2007
Bem, D. J. (1972): Self-Perception theory. Advances in experimental social psychology 6, 2–62
Bender, D., Lösel, F. (1998): Protektive Faktoren der psychisch gesunden Entwicklung junger Menschen: Ein Beitrag zur Kontroverse um saluto- und pathogenetische Ansätze. In: Margraf, J., Siegrist, J., Neumer, S. (Hrsg.): Gesundheits- oder Krankheitstheorie? Saluto- vs. pathogenetische Ansätze im Gesundheitswesen. Springer, Berlin, 117–145

Bengel, J., Strittmatter, R., Willmann, H. (2001): Was erhält Menschen gesund? Antonovskys Modell der Salutogenese. Diskussionsstand und Stellenwert. Erweiterte Neuauflage. Forschung und Praxis der Gesundheitsförderung 6. BZgA, Köln

Bengel, J., Meinders-Lücking, F., Rottmann, N. (2009): Schutzfaktoren bei Kindern und Jugendlichen. Stand der Forschung zu psychosozialen Schutzfaktoren für Gesundheit. Forschung und Praxis der Gesundheitsförderung 35. BZgA, Köln

Bengel, J., Lyssenko, L. (2012): Resilienz und psychologische Schutzfaktoren im Erwachsenenalter. Forschung und Praxis der Gesundheitsförderung, Band 43. BZgA, Köln. In: http://www.bzga.de/botmed_60643000.html, 30.06.2015

Beyer, A., Lohaus, A. (2005): Stressbewältigung im Jugendalter: Entwicklung und Evaluation eines Präventionsprogramms. Psychologie in Erziehung und Unterricht 52, 33–50

Biermann-Ratjen, E.-M. (2002): Entwicklungspsychologie und Störungslehre. In: Boeck-Singelmann, C., Ehlers, B., Hensel, T., Kemper, F., Monden-Engelhardt, C. (Hrsg.): Personzentrierte Psychotherapie mit Kindern und Jugendlichen 1. Grundlagen und Konzepte. 2. Aufl. Hogrefe, Göttingen/Bern/Toronto/Seattle, 11–34

Blanz, B., Schmidt, M. H., Esser, G. (1991): Familial adversities and child psychiatric disorders. Journal of Child Psychology and Psychiatry 32, 939–950

Bölcskei, P. L., Hörmann, A., Hollederer, A., Jordan, S., Fenzel, H. (1997): Suchtprävention an Schulen – Besondere Aspekte des Nikotinabusus: Effekte einer vierjährigen Intervention durch das Suchtpräventions- und Gesundheitsförderungsprogramm Klasse 2000. Prävention und Rehabilitation 9, 82–88

Brisch, K.-H. (2006): Bindungsstörungen. Von der Bindungstheorie zur Therapie. 7. Aufl. Klett-Cotta, Stuttgart

Brunstein, J. C., Maier, G. W., Dargel, A. (2007): Persönliche Ziele und Lebenspläne: Subjektives Wohlbefinden und proaktive Entwicklung im Lebenslauf. In: Brandtstädter, J., Lindenberger, U. (Hrsg.): Entwicklungspsychologie der Lebensspanne. Kohlhammer, Stuttgart, 270–304

Bühler, A., Heppekausen, K. (2005): Gesundheitsförderung durch Lebenskompetenzprogramme in Deutschland. Grundlagen und kommentierte Übersicht. BZgA, Köln

Burow, F., Aßhauer, M., Hanewinkel, R., Ahrens-Eipper, S. (1998): Unterrichtsideen – Fit und stark fürs Leben. Persönlichkeitsförderung zur Prävention von Aggression, Rauch und Sucht. Klett, Leipzig/Stuttgart/Düsseldorf

Cierpka, M. (Hrsg.) (2001): FAUSTLOS – Ein Curriculum zur Prävention von aggressivem und gewaltbereitem Verhalten bei Kindern der Klassen 1 bis 3. Hogrefe, Göttingen

Conduct Problems Prevention Research Group (2000): Merging universal and indicated prevention programs. The Fast track. Addictive Behavior 25, 913–927

Conduct Problems Prevention Research Group (2006): The Fast Track Project. Towards the Prevention of Severe Conduct Problems in School-Age Youth. In: Heinrichs, N., Hahlweg, K., Döpfner, M. (Hrsg.): Familien stärken. Evidenzbasierte Ansätze zur Unterstützung der psychischen Gesundheit von Kindern. Verlag für Psychologie, Münster, 437–477

Daniel, B., Wassell, S. (2002a): The Early Years. Assessing and promoting resilience in vulnerable children. London, Philadelphila

Daniel, B., Wassell, S. (2002b): The School Years: Assessing and promoting resilience in vulnerable children. London, Philadelphila

Deutsche Gesellschaft gegen Kindesmisshandlung und -vernachlässigung (DGgKV) e.V. (Hrsg.) (2007): Resilienz, Ressourcen, Schutzfaktoren – Kinder, Eltern und Familien stärken. Kindesmisshandlung und -vernachlässigung 10 (1)

Dinkmeyer, D. C. (2004): STEP – Das Elternhandbuch, die ersten 6 Jahre. Beltz, Weinheim

Dishion, T. J., Patterson, S. G. (1996): Preventive parenting with love, encouragement & limits. The preschool years. Castalia, Eugene

Döpfner, M., Schürmann, S., Fröhlich, J. (2002): Das Therapieprogramm für Kinder mit hyperkinetischem und oppositionellem Problemverhalten (THOP). 3. Aufl. Beltz, Weinheim

Dörner, D. (1976): Problemlösen als Informationsverarbeitung. Kohlhammer, Stuttgart

Durlak, J. A., Wells, A. M. (1997): Primary prevention mental health programs for children and adolescents. A meta-analytic review. American Journal of Community Psychology 25, 115–152

Durlak, J. A., Wells, A. M. (1998): Evaluation of inicated preventive intervention (secondary prevention) mental health programs for children and adolescents. American Journal of Community Psychology 26, 775–802

Eggert, T., Reichenbach, C., Bode, S. (2003): Das Selbstkonzeptinventar (SKI) für Kinder im Vorschul- und Grundschulalter. Theorie und Möglichkeiten der Diagnostik. borgmann, Dortmund

Egle, U. T., Hoffmann, S. O. (2000): Pathogene und protektive Entwicklungsfaktoren in Kindheit und Jugend. In: Egle, U.T., Hoffmann, S.O, Joraschky, P. (Hrsg.): Sexueller Missbrauch, Misshandlung und Vernachlässigung. Schattauer, Stuttgart, 3–22

Erickson, M. F., Egeland, B. (2004): Die Stärkung der Eltern-Kind-Bindung. Frühe Hilfen für die Arbeit mit Eltern von der Schwangerschaft bis zum zweiten Lebensjahr des Kindes durch das STEEP(TM)-Programm. Klett-Cotta, Stuttgart

Essau, C. A., Conradt, J. (2004): Aggression bei Kindern und Jugendlichen. Ernst Reinhardt, München / Basel

Faltermaier, T. (2005): Gesundheitspsychologie. Kohlhammer, Stuttgart

Fingerle, M., Grumm, M. (Hrsg.) (2012): Prävention von Verhaltensauffälligkeiten bei Kindern und Jugendlichen. Programme auf dem Prüfstand. Ernst Reinhardt, München / Basel

Fisher, P. A., Ramsay, E., Antoine, K., Kavanagh, K., Winebarger, A., Eddy, J. M., Reid, J. B. (1997): Success in parenting. A curriculum for parents with challenging children. Oregon Social Learning Center, Eugene

Fooken, I. (2005): FAST (Families and Schools Together) – Ein Programm zur Stärkung von Kindern an der Schnittstelle zwischen Jugendhilfe, Schule und Familie. In: Bohn, I. (Hrsg.): Dokumentation der Fachtagung „Resilienz – was Kinder aus armen Familien stark macht". ISS-aktuell 2/2006, Frankfurt, 47–60

Franke, A., Kämmerer, A. (Hrsg.) (2001): Klinische Psychologie der Frau. Ein Lehrbuch. Hogrefe, Göttingen

Franze, M., Fendrich, F., Thyrian, S., Plachta-Danielzik, S., Splieth, C., Hoffmann, W. (2008): Das Programm GeKoKidS (Gesundheitskompetenz bei Kindern in der Schule). Implementation eines bevölkerungsbezogenen Programms und erste Ergebnisse aus der Basiserhebung. ÖGGP P 87, 26.09.2008. Poster auf der 3. Jahrestagung der Deutschen Gesellschaft für Epidemiologie (DGEpi), Bielefeld, Ravensberger Park, 24.–27.09.2008. Abstract publiziert im Abstractband, Landesinstitut für Gesundheit und Arbeit des Landes Nordrhein-Westfalen (LIGA.NRW), Bielefeld

Friederich, T. (2012): Zusammenarbeit mit Eltern – Anforderungen an frühpädagogische Fachkräfte. Weiterbildungsinitiative Frühpädagogische Fachkräfte. WiFF Expertisen, Band 22. Deutsches Jugendinstitut, München

Fröhlich-Gildhoff, K. (2006): Gewalt begegnen. Kohlhammer, Stuttgart

Fröhlich-Gildhoff, K. (2013a): Verhaltensauffälligkeiten bei Kindern und Jugendlichen (2., überarb. Aufl.). Kohlhammer, Stuttgart

Fröhlich-Gildhoff, K. (2013b): Angewandte Entwicklungspsychologie der Kindheit. Kohlhammer, Stuttgart

Fröhlich-Gildhoff, K., Rönnau, M., Dörner, T., Kraus-Gruner, G., Engel, E.-M. (2007b): Kinder Stärken! – Resilienzförderung in der Kindertageseinrichtung. Unveröffentlichter Abschlussbericht, Zentrum für Kinder- und Jugendforschung an der Evangelischen Hochschule Freiburg

Fröhlich-Gildhoff, K., Rönnau, M., Dörner, T. (2008): Eltern stärken mit Kursen in Kitas. Ernst Reinhardt, München

Fröhlich-Gildhoff, K., Beuter, S., Fischer, S., Lindenberg, J., Rönnau-Böse, M. (2011): Förderung der seelischen Gesundheit in Kitas für Kinder und Familien mit sozialen Benachteiligungen. Freiburg: FEL.

Fröhlich-Gildhoff, K., Dörner, T., Rönnau-Böse, M. (2012): Prävention und Resilienz in Kindertageseinrichtungen (PRiK) – ein Förderprogramm. 2., vollst. überarb. Aufl. Ernst Reinhardt, München/Basel

Fröhlich-Gildhoff, K., Becker, J., Fischer, S. (2012a): PRiGS – Prävention und Resilienzförderung in der Grundschule. Ernst Reinhardt, München/Basel

Fröhlich-Gildhoff, K., Becker, J., Fischer, S. (Hrsg.) (2012b): Gestärkt von Anfang an. Resilienförderung in der Kita. Beltz, Weinheim/Basel

Fröhlich-Gildhoff, K., Rönnau-Böse, M. (2013): Förderung der Lebenskompetenz und Resilienz in Kindertageseinrichtung und Grundschulen. Frühe Bildung (2), 4, 172–184

Fuhrer, U., Marks, A., Holländer, A., Möbes, J. (2000): Selbstbildentwicklung in Kindheit und Jugend. In: Greve, W. (Hrsg.): Psychologie des Selbst. Psychologie Verlags Union, Weinheim, 39–57

Gabriel, B., Bodenmann, G. (2006): Elterliche Kompetenzen und Erziehungs-

konflikte. Eine ressourcenorientierte Betrachtung von familiären Negativdynamiken. Kindheit und Entwicklung 15, 9 – 18
Gabriel, T. (2005): Resilienz – Kritik und Perspektiven. Zeitschrift für Pädagogik 51, 207 – 217
Garmezy, N. (1984): Children vulnerable to major mental disorders: Risk and protective factors. In: Grinspoon, L. (Hrsg.): Psychatric update. Vol 3. American Psychatric Press, Washington, 91 – 104
Gershoff, E. T. (2002): Corporal punishment by parents and associates child behaviors and experiences. A meta-analytic and theoretical review. Psychological Bulletin 128, 539 – 579
Gordon, T. (1993): Die neue Familienkonferenz. Heyne, München
Gordon, T. (1999): Familienkonferenz. Heyne, München
Grawe, K. (1998): Psychologische Therapie. Hogrefe, Göttingen / Bern
Greef, A. (2008): Resilienz. Widerstandsfähigkeit stärken – Leistung steigern. Auer, Donauwörth
Greenberg, M. T., Domitrovich, C., Bumbarger, B. (2000): Preventing mental disorders in school-aged children. A review of the effectiveness of prevention programs. Prevention Research Center for the Promotion of Human Development, Pennsylvania State University
Gregor, A., Cierpka, M. (2004): Das Baby verstehen. Das Handbuch zum Elternkurs für Hebammen. Fokus Familie, Heidelberg
Greve, W. (2000): Psychologie des Selbst – Konturen eines Forschungsthemas. In: Greve, W. (Hrsg.): Psychologie des Selbst. Psychologie Verlags Union, Weinheim, 15 – 36
Griebel, W., Niesel, R. (2004): Transitionen. Fähigkeit von Kindern in Tageseinrichtungen fördern, Veränderungen erfolgreich zu bewältigen. Beltz, Weinheim / Basel
Grotberg, E. H. (2003): What is resilience? How do you promote it? How do you use it? In: Grotberg, E. H. (Hrsg.): Resilience for Today. Gaining Strengh from Adversity. Praeger Publishers: Westport, Conneticut
Hagenah, U., Vloet, T. (2005): Psychoedukation für Eltern essgestörter Kinder. Praxis der Kinderpsychologie und Kinderpsychiatrie 54 (5), 303 – 317
Hanisch, C., Plück, J., Meyer, N., Brix, G., Freund-Baier, I., Hautmann, C., Döpfner, M. (2006): Kurzzeiteffekte des indizierten Präventivprogramms für Expansives Problemverhalten (PEP) auf das elterliche Erziehungsverhalten und auf das kindliche Problemverhalten. Zeitschrift für Klinische Psychologie und Psychotherapie 35 (2), 117 – 126
Havinghurst, R. J. (1948): Developmental tasks and education. McKay, New York
Heinrichs, N., Saßmann, H., Hahlweg, K., Perrez, M. (2002): Prävention kindlicher Verhaltensstörungen. Psychologische Rundschau 53 (4), 170 – 183
Hetherington, E. M. (1989): Coping with family transitions: Winners, losers, and survivors. Child Development, 60, 1 – 14
Hinz, A. (2005): Stark im Leben. Geschlechtergerechte Gesundheitsförderung in den Klassen 7 und 8. dgvt, Tübingen

Holtmann, M., Schmidt, M. (2004): Resilienz im Kindes- und Jugendalter. Kindheit und Entwicklung 13 (14), 195–200
Holtmann, M., Laucht, M. (2008): Biologische Aspekte der Resilienz. In: Opp, G., Fingerle, M. (Hrsg.): Was Kinder stärkt. Erziehung zwischen Risiko und Resilienz. 3. Aufl. Reinhardt, München, 32–44
Homfeldt, H. G., Maag, J. (2004): „Wie wird man ein guter Schwimmer?" Salutogenese und Soziale Arbeit. Unsere Jugend 10, 413–420
Honkanen-Schoberth, P. (2003): Starke Kinder brauchen starke Eltern. Der Elternkurs des Deutschen Kinderschutzbundes. Deutscher Kinderschutzbund, Berlin
Horst, C., Kulla, C., Maaß-Keibel, E., Raulfs, R., Mazolla, R. (2003): Kess erziehen – Elternhandbuch. AKF Arbeitsgemeinschaft für kath. Familienbildung e. V., Bonn
Horst, C., Klotz, T., Haisch, J. (Hrsg.) (2004): Lehrbuch Prävention und Gesundheitsförderung. Huber, Berlin
Hüther, G., Dohne, K. D. (2006): Ein Verfahren zur Messung wissensunabhängiger Kompetenzen. http://www.wuk-test.de/start.html, 03.01.2007
Ihle, W., Esser, G. (2002): Epidemiologie psychischer Störungen im Kindes- und Jugendalter. Prävalenz, Verlauf, Komorbidität und Geschlechtsunterschiede. Psychologische Rundschau 53 (4), 159–169
Jerusalem, M. (1990): Persönliche Ressourcen, Vulnerabilität und Stresserleben. Verlag für Psychologie, Göttingen
Jerusalem, M., Mittag, W. (1997): Schulische Gesundheitsförderung. Differentielle Wirkungen eines Interventionsprogramms. Unterrichtswissenschaft 25, 133–149
Jugert, G. (2008): Fit for Life. Module und Arbeitsblätter zum Training sozialer Kompetenzen für Jugendliche, 6. Aufl. Juventa Verlag, Weinheim/München
Junge, J., Neumer, S., Manz, R., Margraf, J. (2002): Gesundheit und Optimismus (GO). Ein Trainingsprogramm für Jugendliche. PVU/Beltz, Weinheim
Kaluza, G., Lohaus, A. (2006): Psychologische Gesundheitsförderung im Kindes- und Jugendalter. Eine Sammlung empirisch evaluierter Interventionsprogramme. Zeitschrift für Gesundheitspsychologie 14 (3), 119–134
Kasüschke, D., Fröhlich-Gildhoff, K. (2008): Frühpädagogik heute. Herausforderungen an Disziplin und Profession. Kronach, Köln
Kindler, H. (2007): Wie könnte ein Risikoinventar für frühe Hilfen aussehen? Expertise für das Projekt „Guter Start ins Kinderleben". Deutsches Jugendinstitut München, München
Kindler, H. (2010): Risikoscreening als systematischer Zugang zu Frühen Hilfen. Ein gangbarer Weg? Bundesgesundheitsblatt, 53, 1073–1079
Kliche, T., Gesell, S., Nyenhuis, N., Bodansky, A., Deu, A., Linde, K., Neuhaus, M., Post, M., Weitkamp, K., Töppich, J., Koch, U. (2008): Prävention und Gesundheitsförderung in Kindertagesstätten. Eine Studie zu Determinanten, Verbreitung und Methoden für Kinder und Mitarbeiterinnen. Juventa, Weinheim
Krahé, B. (2001): The Social Psychology of Aggression. Psychology Press Ltd, Philadelphia
Krause, C., Hannich, H. J., Stückle, C., Widmer, C., Rohde, C., Wiesmann, U. (2000): Selbstwert stärken – Gesundheit fördern. Unterrichtsvorschläge für das

1. und 2. Schuljahr. Auer, Donauwörth
Kumpfer, K. L. (1999): Factors and processes contributing to resilience. The resilience framework. In: Glantz, M. D., Johnson, J. L. (Hrsg.): Resilience and development. Positive life adaptions. Kluwer Academic/Plenum Publisher, New York, 179–224
Laucht, M. (1999): Risiko- vs. Schutzfaktor. Kritische Anmerkungen zu einer problematischen Dichotomie. In: Opp, G., Fingerle, M., Freytag, A. (Hrsg.): Was Kinder stärkt. Erziehung zwischen Risiko und Resilienz. Reinhardt, München, 303–314
Laucht, M., Esser, G., Schmidt, M. H. (1999): Was wird aus Risikokindern? Ergebnisse der Mannheimer Längsschnittstudie im Überblick. In: Opp, G., Fingerle, M., Freytag, A. (Hrsg.): Was Kinder stärkt. Erziehung zwischen Risiko und Resilienz. Ernst Reinhardt, München, 71–93
Laucht, M., Schmidt, M. H., Esser, G. (2000): Risiko- und Schutzfaktoren in der Entwicklung von Kindern und Jugendlichen. Frühförderung interdisziplinär 3, 97–108
Lauth, G.-W., Heubeck, G. (2005): Kompetenztraining für Eltern sozial auffälliger und aufmerksamkeitsgestörter Kinder – KES. Hogrefe, Göttingen
Lazarus, R. S., Launier, R. (1981): Stressbezogene Transaktionen zwischen Person und Umwelt. In: Nitsch, J. R. (Hrsg.): Stress. Theorien, Untersuchungen, Maßnahmen. Huber, Bern, 213–259
Leu, H. R., Flämig, K., Frankenstein, Y., Koch, S., Pack, I., Schneider, K., Schweiger, M. (2007): Bildungs- und Lerngeschichten. Bildungsprozesse in früher Kindheit beobachten, dokumentieren und unterstützen. Verlag das netz, Weimar/Berlin
Leutner, D., Klieme, E., Meyer, K., Wirth, J. (2005): Die Problemlösekompetenz in den Ländern der Bundesrepublik Deutschland. In: Prenzel, M., Baumert, J., Blum, W., Lehmann, R., Leutner, D., Neubrand, M., Pekrun, R., Rost, J., Schiefele, U. (Hrsg.): PISA 2003. Der zweite Vergleich der Länder in Deutschland – Was wissen und können Jugendliche? Waxmann, Münster i. W., 125–146
Li-Grining, C.P., Votruba-Drzal. E., Bachmann, H. J. Chase-Landsdale, P. L. (2006): Are certain preschoolers at risk in the area of welfare reform? The moderating role of children's temperament. Children and Youth Services Review, 28 (9), 1102–1123
Lösel, F., Bliesener, T., Köferl, P. (1990): Psychische Gesundheit trotz Risikobelastung in der Kindheit. Untersuchungen zur Invulnerabilität. In: Seiffge-Krenke, I. (Hrsg.): Krankheitsverarbeitung von Kindern und Jugendlichen. Springer, Berlin, 103–123
Lösel, F., Bliesener, T. (2003): Soziale Kompetenz, Delinquenz und Substanzkonsum bei Jugendlichen. Variablen- und Personenbezogene Analysen des Zusammenhangs. Praxis der Rechtspsychologie 13 (2), 192–211
Lösel, F., Beelmann, A., Stemmler, M., Jaursch, S.(2004): Soziale Kompetenz für Kinder und ihre Familien. Ergebnisse der Erlangen-Nürnberger Entwicklungs- und Präventionsstudie. Bundesministerium für Familien, Senioren, Frauen und Jugend, Berlin

Lösel, F., Jaursch, S., Beelmann, A., Stemmler, M. (2006): Prävention von Störungen des Sozialverhaltens – Entwicklungsförderung in Familien: das Eltern- und Kindertraining EFFEKT. In: Suchodoletz, W. v. (Hrsg.): Prävention von Entwicklungsstörungen. Hogrefe, Göttingen, Bern, Wien

Lösel, F., Bender, D. (2008): Von generellen Schutzfaktoren zu spezifischen protektiven Prozessen. Konzeptuelle Grundlagen und Ergebnisse der Resilienzforschung. In: Opp, G., Fingerle, M. (Hrsg.): Was Kinder stärkt: Erziehung zwischen Risiko und Resilienz. 3. Aufl. Reinhardt, München, 57–78

Luthar, S. S., Cicchetti, D., Becker, B. (2000): The construct of resilience. A critical evaluation and guidelines for future work. Child Development 71, 543–562

Markie-Dadds, C., Sanders, M. R., Turner, K. M. (2002): Das Triple P Elternarbeitsbuch. Der Ratgeber zur positiven Erziehung mit praktischen Übungen. PAG Verlag für Psychotherapie, Münster

Mast, M., Körtzinger, I., Müller, M. J. (1998): Ernährungsverhalten und Ernährungszustand von 5-7-jährigen Kindern in Kiel. Aktuelle Ernährungsmedizin 23, 282–288

Masten, A. S. (2001): Resilienz in der Entwicklung. Wunder des Alltags. In: Röper, G., Hagen, C. v., Noam, G. (Hrsg): Entwicklung und Risiko. Perspektiven einer klinischen Entwicklungspsychologie. Kohlhammer, Stuttgart, 192–219

Masten, A. S., Reed, M. G. (2002): Resilience in development. In: Snyder, C. R., Lopez, S. J. (Hrsg.): Handbook of positive psychology. University Press, Oxford, 74–88

Mayer, H., Heim, P., Barquero, B., Scheithauer, H., Koglin, U. (2004): Papilio. Programm Ordner 1. beta institut Verlag, Augsburg

Meichenbaum, D. W. (1995): Kognitive Verhaltensmodifikation. 2. Aufl. Psychologie Verlags Union, Weinheim

Meschke, L. L., Patterson, J. M. (2003): Resilience as a theoretical basis for substance abuse prevention. Journal of Primary Prevention. Vol.23 (4), 483–514

Nurcombe, B. (2007): The Principles of Prevention in Child and Adolescent Mental Health. In: Remschmidt, H., Nurcombe, B., Belfer, M. L., Sartorius, N., Okasha, A. (Hrsg.): The Mental Health of Children and Adolescents. An area of global neglect. Wiley, Chichester, 53–64

O'Dougherty Wright, M., Masten, A. S. (2006): Resilience processes in development. Fostering positive adaption in the context of adversity. In: Goldstein, S., Brooks, R. B. (Hrsg.): Handbook of resilience in children. Springer, New York, 17–37

Opp, G., Fingerle, M. (Hrsg.) (2008): Was Kinder stärkt. Erziehung zwischen Risiko und Resilienz. 3. Aufl. Reinhardt, München (2. Aufl. 2007)

Opp, G., Teichmann, J. (Hrsg.) (2008): Positive Peerkultur. Best Practices in Deutschland. Julius Klinkhardt, Bad Heilbrunn

Papoušek, M., Papoušek, H. (1990): Excessive infant crying and intuitive parental care. Buffering support and its failure in parent-infant interaction. Early Child Development and Care 65, 117–126

Papoušek, M. (2004): Regulationsstörungen der frühen Kindheit. Klinische Evidenz für ein neues diagnostisches Konzept. In: Papoušek, M., Schieche, M.,

Wurmser, H. (Hrsg.): Regulationsstörungen der frühen Kindheit. Huber, Bern / Göttingen / Toronto / Seattle, 77 – 110

Petermann, F., Niebank, K., Scheithauer, H. (2004): Entwicklungswissenschaft. Entwicklungspsychologie – Genetik – Neuropsychologie. Springer, Berlin / Heidelberg

Petermann, F., Schmidt, M. H. (2006): Ressourcen – ein Grundbegriff der Entwicklungspsychologie und Entwicklungspsychopathologie. Kindheit und Entwicklung 15 (2), 118 – 127

Pianta, R. C., Stuhlman, M. W., Hamre, B. K. (2008): Der Einfluss von Erwachsenen-Kind-Beziehungen auf Resilienzprozesse im Vorschulalter und in der Grundschule. In: Opp, G., Fingerle, M. (Hrsg.): Was Kinder stärkt. Erziehung zwischen Risiko und Resilienz. 3. Aufl. Reinhardt, München, 192 – 211

Radke-Yarrow, M., Brown, E. (1993): Resilience and vulnerability in children of multiple-risk families. Development and Psychopathology, 5, 581 – 592

Rapee, R. M. (1997): Potential role of childrearing practices in the development of anxiety and depression. Child Psychology Review 17, 47 – 67

Ravens-Sieberer, U., Bettge, S. (2004): Aktuelles zum Kinder- und Jugendgesundheitssurvey des RKI (KiGGS). Vorstellung des Moduls „Psychische Gesundheit". Epidemiologisches Bulletin 1, 7

Ravens-Sieberer, U., Schulte-Markwort, M., Bettge, S., Barkman, C. (2002): Risiken und Ressourcen für die psychische Gesundheit von Kindern und Jugendlichen. Das Gesundheitswesen 64 (Sonderheft 1), 88 – 94

Röhrle, B. (2008): Die Forschungslage zur Prävention psychischer Störungen und zur Förderung psychischer Gesundheit. Verhaltenstherapie und Psychosoziale Praxis 40 (2), 343–347

Rönnau-Böse, M. (2013): Resilienzförderung in der Kindertageseinrichtung. FEL, Freiburg

Rönnau-Böse, M., Fröhlich-Gildhoff, K. (2015): Resilienz und Resilienzförderung über die Lebensspanne. Kohlhammer, Stuttgart

Rönnau-Böse, M., Kraus-Gruner, G. & Engel, E.-M. (2008): Resilienzförderung in der Kindertagesstätte. In: Fröhlich-Gildhoff, K., Nentwig-Gesemann, I., Haderlein. R. (Hrsg.): Forschung in der Frühpädagogik. FEL: Freiburg, 117 – 148.

Rutter, M. (1979): Protective factors in children's response to stress and disadvantage. In: Kent, M. W., Rolf, J. E. (Hrsg.): Primary prevention of psychopathology. University press of New England, 49 – 74

Rutter, M. (1987): Psychosocial resilience and protective factors. American Journal of Orthopsychiatry 57, 316 – 331

Rutter, M. (1990): Psychosocial resilience and protective mechanisms. In: Rolf, J., Masten, A., Ciccetti, D., Nuechterlein, K., Weintraub, S. (Hrsg.): Risk and protective factors in the development of psychopathology. Cambridge University Press, Cambridge, 181 – 214

Rutter, M. (2000): Nature, nurture and psychopathology. A newlook at an old topic. In: Tizard, B., Varma, V. (Hrsg.): Vulnerability and Resilience in Human Development. Jessica Kingsley Publishers, London / Philadelphia, 21 – 38

Rutter, M., Quinton, D. (1977): Psychiatric disorder – ecological factors and concepts of causation. In: McGurk, M. (Hrsg.): Ecological factors in human development. North-Holland, Amsterdam, 173–187

Scheithauer, H., Petermann, F. (1999): Zur Wirkungsweise von Risiko- und Schutzfaktoren in der Entwicklung von Kindern und Jugendlichen. Kindheit und Entwicklung 8 (1), 3–14

Scheithauer, H., Petermann, F., Niebank, K. (2000): Frühkindliche Entwicklung und Entwicklungsrisiken. In: Petermann, F., Niebank, K., Scheithauer, H. (Hrsg.): Risiken in der frühkindlichen Entwicklung. Entwicklungspsychopathologie der ersten Lebensjahre. Hogrefe, Göttingen, 15–38

Scheithauer, H., Mayer, H., Barquero, B., Heim, P., Koglin, U., Meir-Brenner, S., Mehren, F., Niebank, K., Petermann, F., Erhardt, H. (2005): Entwicklungsorientierte Primärprävention von Verhaltensproblemen und Förderung sozialemotionaler Kompetenz im Kindergarten. Papilio – Vorstellung der Programmkonzeption. In: Ittel, A., von Salisch, M. (Hrsg.): Lästern, Lügen, Leiden lassen – Aggression in Kindheit und Jugend. Kohlhammer, Stuttgart

Schneewind, K. A. (1999): Familienpsychologie. Kohlhammer, Stuttgart

Schweinhart, L. J., Montie, J., Xiang, Z., Barnett, W. S., Belfield, C. R., Nores, M. (2005): Lifetime effects. The High / Scope Perry Preschool Study through age 40. High / Scope Press, Ypsilanti

Shavelson, R. J., Phupner, J. J., Stanton, G. C. (1976): Self-Concept. Validation of Construct Interpretations. Review of Educational Research 46, 407–441

Sommer, G. (Hrsg.) (1977): Gemeindepsychologie. Therapie und Prävention in der sozialen Umwelt. Urban und Schwarzenberg, München / Wien

Spivack, G., Shure, M. B. (1989): Interpersonal Cognitive Problem Solving (ICPS). A competence-building primary prevention program. Prevention in Human Services 6, 151–178

Steinebach, C., Gharabaghi K. (Hrsg.) (2013): Resilienzförderung im Jugendalter. Springer, Berlin

Stern, D. N. (1992): Die Lebenserfahrung des Säuglings. Klett-Cotta, Stuttgart

Sturzbecher, D., Dietrich, P. S. (2007): Risiko- und Schutzfaktoren in der Entwicklung von Kindern und Jugendlichen. In: Deutsche Gesellschaft gegen Kindesmisshandlung und -vernachlässigung (Hrsg.): Themenheft Resilienz, Ressourcen, Schutzfaktoren – Kinder, Eltern und Familien stärken 10 (1), 3–30

Suchodoletz, v. W. (Hrsg.) (2007): Prävention von Entwicklungsstörungen. Hogrefe, Göttingen

Suess, G. H. (Hrsg.)(1999): Frühe Hilfen. Anwendung von Bindungs- und Kleinkindforschung in Erziehung, Beratung, Therapie und Vorbeugung. Psychosozial Verlag, Gießen

Tschöpe-Scheffler, S. (2003): Elternkurse auf dem Prüfstand. Wie Erziehung wieder Freude macht. Leske und Budrich, Opladen

Tschöpe-Scheffler, S., (2004): Elternkurse im Vergleich – Menschenbilder, Inhalte, Methoden. Theorie und Praxis der Sozialpädagogik, 4 / 2004, 8–13

Tschöpe-Scheffler, S., (2006): Konzepte der Elternbildung – eine kritische Übersicht. Leske und Budrich, Opladen

Vygotskij, L. S. (2002): Denken und Sprechen. Beltz, Weinheim / Basel

Wahl, K., Hees, K. (Hrsg.) (2006): Helfen „Super Nanny" und Co.? Ratlose Eltern – Herausforderung für die Elternbildung. Beltz, Weinheim / Basel

Walden, K., Kutza, R., Kröger, C., Kirmes, J. (1998): ALF – Allgemeine Lebenskompetenzen und Fertigkeiten. Programm für Schüler und Schülerinnen der 5. Klasse mit Information zu Nikotin und Alkohol. Schneider-Verlag, Hohengehren

Welter-Enderlin, R. (2006): Resilienz aus der Sicht von Beratung und Therapie. In: Welter-Enderlin, R., Hildenbrand, B. (Hrsg.): Resilienz – Gedeihen trotz widriger Umstände. Carl-Auer, Heidelberg, 7 – 19

Werner, E. E., Smith, R. S. (1982): Vulnerable but invincible. A longitudinal study of resilient children and youth. McGraw-Hill, New York

Werner, E. E. (2000): Protective factors and individual resilience. In: Shonkoff, J. P., Meisels, S. J. (Hrsg.): Handbook of early childhood intervention. Cambridge University Press, Cambridge, 115 – 132

Werner, E. E., Smith, R. S. (2001): Journeys from childhood to midlife. Risk, resilience, and recovery. Cornell University Press, Ithaca

Werner, E. E. (2006): What can we learn about resilience from large-scale longitudinal studies? In: Goldstein, S., Brooks, R. B. (Hrsg.): Handbook of resilience in children. Springer, New York, 91 – 105

Werner, E. E. (2008a): Resilienz. Ein Überblick über internationale Längsschnittstudien. In: Opp, G., Fingerle, M. (Hrsg.): Was Kinder stärkt. Erziehung zwischen Risiko und Resilienz. 3. Aufl. Ernst Reinhardt, München, 311 – 326

Werner, E. E. (2008b): Entwicklung zwischen Risiko und Resilienz. In: Opp, G., Fingerle, M. (Hrsg.): Was Kinder stärkt. Erziehung zwischen Risiko und Resilienz. 3. Aufl. Ernst Reinhardt, München, 20 – 31

World Health Organisation (WHO) (Hrsg.) (1994): Life Skills Education in schools. WHO, Genf

Wiborg, G., Hanewinkel, R. (2001): Eigenständig werden – ein Unterrichtsprogramm zur Gesundheitsförderung in der Grundschule. Ergebnisse einer Pilotstudie in Hamburg und Mecklenburg-Vorpommern. Prävention 26 (2), 56 – 59

Winkler, I., Dietrich, S., Richter-Werling, M., Riedel-Heller, S. (2007): Das Schulprojekt „Verrückt? Na und!" – Ergebnisse der aktuellen Evaluation 2006. Prävention und Gesundheitsförderung 2 (1), 132

Wustmann, C. (2012): Resilienz. Widerstandsfähigkeit von Kindern in Tageseinrichtungen fördern. 4. Aufl., Beltz, Weinheim

Wyman, P. A. (2003): Emerging perspectives on context-specifity of children's adaptation and resilience: Evidence from a decade of research with urban children in adversity. In S. Luthar (Hrsg.): Resilience and vulnerability: Adaption in the context of childhood adversities. Cambridge University Press, New York, 293 – 317

Zander, M. (2008): Armes Kind – starkes Kind? Die Chance der Resilienz. Verlag für Sozialwissenschaften, Wiesbaden

Zander, M. (Hrsg.) (2011): Handbuch Resilienzförderung. VS Verlag für Sozialwissenschaften, Wiesbaden

Ziegenhain, U., Fries, M., Bütow, B., Derksen, B. (2004): Entwicklungspsychologische Beratung für junge Eltern. Grundlagen und Handlungskonzepte für die Jugendhilfe. Juventa, Weinheim / München

Zimmermann (2000): Bindung, internales Arbeitsmodell und Emotionsregulation: Die Rolle von Bindungserfahrungen im Risiko-Schutz-Modell. Frühförderung interdisziplinär, 19, 119 – 129

Sachregister

Bewältigung 12, 20, 27f., 32f., 38, 41, 46f., 52–55, 60
– skompetenz 43, 52f.

EFFEKT 66, 69–71, 83
Eltern 68–70, 72, 77–85
– kurs 69–73, 79–84
Erziehung 11, 17, 22, 30, 35, 65, 69f., 71, 79–85
Evaluation 63, 68, 69f., 72f., 75, 76f., 78f., 86f.

Fit und stark fürs Leben 74f.
Fit for life 78f.

Jugendliche 18f., 50, 62, 77–80

Kindertageseinrichtung 24, 59, 62, 68, 71f., 81
Kinder Stärken – PRiK 66, 71–73

Papilio 67–69
Prävention 58–63, 64–85
– sprogramme 58, 61, 62f., 64–85
Problemlösen 30, 41–43, 54–57, 74, 83

Resilienzfaktoren 30, 38f., 41–57, 64, 72
Resilienzförderung 14, 30, 37, 45, 49f., 62, 64–67, 71–74, 84f.
Resilienzforschung 11–19, 36, 58, 79f.
Ressourcen 10f., 13f., 17, 20, 30–35, 38f., 41–56, 59, 66, 88
Risikofaktoren 21–27, 31, 33f., 36, 39, 62

Salutogenese 14
Schulalter 74–77
Schutzfaktoren 11, 14, 16f., 20, 28–40, 43, 64, 79f.
Selbstwahrnehmung 30, 42, 43–46, 74
Selbstwirksamkeit 30, 42f., 46–48, 84
Selbststeuerung 30, 35, 41, 43, 48–50
Soziale Kompetenz 30, 41, 43, 50–52
Stress 9, 11f., 21f., 28, 38f., 52f., 74, 78f.
–, Umgang mit 30

Baiswissen Angst bei Kindern

Cecilia A. Essau
Angst bei Kindern und Jugendlichen
2. aktual. Aufl. 2014. 303 S. 32 Abb. 35 Tab.
Mit 97 Übungsaufgaben.
utb-M (978-3-8252-4154-4) kt

Angststörungen gehören zu den häufigsten psychischen Störungen bei Kindern und Jugendlichen. Neuere Studien ergaben, dass ca. 10 % aller Kinder und Jugendlichen davon betroffen sind.

Mit diesem Buch erhalten angehende Psychologen, Psychotherapeuten sowie Pädagogen, Lehrer, Sozialpädagogen und Mediziner in psychiatrischer Fachausbildung einen Überblick über das psychologische Basiswissen zur Angststörung bei Kindern und Jugendlichen.

ℝ reinhardt
www.reinhardt-verlag.de

Bindung – kurz und bündig

Anke Lengning / Nadine Lüpschen
Bindung
2012. 111 S.
utb-Profile (978-3-8252-3758-5) kt

Das Buch führt kompakt in Bindungstheorie und -forschung ein. Es stellt Verfahren zur Erfassung der Feinfühligkeit und der Bindungsqualität dar und erklärt den Zusammenhang zwischen Bindung und Emotionen. Abschließend werden Bindungsstörungen, ihre Behandlung und geeignete Präventionsmaßnahmen beschrieben.

reinhardt
www.reinhardt-verlag.de

Fundierter Überblick

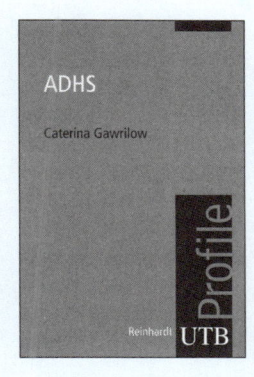

Caterina Gawrilow
ADHS
2009. 88 S. 11 Abb. Innenteil zweifarbig.
utb-Profile (978-3-8252-3289-4) kt

Die Autorin gibt einen fundierten Überblick über den aktuellen Forschungsstand zur Aufmerksamkeitsdefizit-/Hyperaktivitätsstörung (ADHS) und beschreibt die drei Kernsymptome Unaufmerksamkeit, Hyperaktivität und Impulsivität. Diagnostik, Verlauf über die Lebensspanne und Behandlungsmöglichkeiten sind weitere Schwerpunkte.

ℰⱽ reinhardt
www.reinhardt-verlag.de

Grundwissen ADHS für's Studium

Caterina Gawrilow
Lehrbuch ADHS
Modelle, Ursachen, Diagnose, Therapie
2012. 188 S. 18 Abb. 10 Tab.
utb-M (978-3-8252-3684-7) kt

Welche Symptome sind typisch? Wie diagnostiziert man ADHS? Welche Ursachen wurden erforscht – genetisch, neuropsychologisch, umweltbedingt? Wie entwickelt sich ADHS über die Lebensspanne? Neben diesen Themen werden insbesondere psychologische und medizinische Therapiemaßnahmen kritisch beleuchtet. Dabei richtet sich der Fokus auf Interventionsmöglichkeiten in der Schule und auf die Unterstützung der Betroffenen im Alltag.

reinhardt
www.reinhardt-verlag.de

Einblicke in die Welt des Autismus

Inge Kamp-Becker / Sven Bölte
Autismus
2. Aufl. 2014. 112 S. 4 Abb. 9 Tab.
utb-Profile (978-3-8252-4153-7) kt

Was charakterisiert Menschen mit Autismus? Was versteht man unter "Autismus-Spektrum-Störungen"? Wie häufig sind sie? Welche Interventionen wirken? Das Buch beschreibt Symptome von Störungen im Autismus-Spektrum und wie man diese fundiert diagnostiziert. Es fasst die aktuelle Forschung zu Ursachen und Einflussfaktoren zusammen und stellt Therapien und Strategien der sozialen Integration vor.

reinhardt
www.reinhardt-verlag.de

Angstforschung kompakt

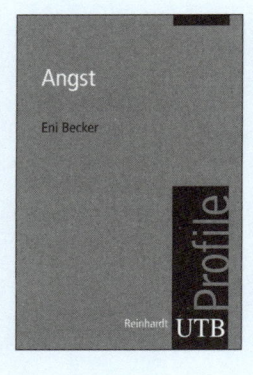

Eni Becker
Angst
2011. 110 S. Innenteil zweifarbig.
utb-Profile (978-3-8252-3512-3) kt

Angst kennt jeder. Aber wer weiß über die Entstehung und Funktionen der Angst Bescheid? Wann ist Angst ein Schutz vor Gefahr, wann beeinträchtigt sie uns? Warum sind manche Menschen ängstlicher als andere? Welche Hilfen gibt es bei Angststörungen? Wie wird man eine Phobie wieder los? Wie hängen traumatische Erlebnisse mit Angst zusammen? Dieses Profil gibt einen fundierten Einblick in die aktuelle Angstforschung.

reinhardt
www.reinhardt-verlag.de

Grundlagen LRS

Karin Schleider
Lese- und Rechtschreibstörungen
2009. 102 S. 5 Abb. 9 Tab. Innenteil zweifarbig.
utb-Profile (978-3-8252-3047-0) kt

In leicht verständlicher Form erklärt die Autorin die Symptomatik, Klassifikation und Epidemiologie von Lese-Rechtschreibstörungen. Neben Fragen nach Methoden der Diagnostik werden Möglichkeiten der Prävention und Intervention bei Lese-Rechtschreibstörungen ebenso thematisiert wie Fragen nach Prognose und Verlauf. Ein Fallbeispiel konkretisiert die vermittelten Kenntnisse und bietet Gelegenheit, das erworbene Wissen zu vertiefen.

reinhardt
www.reinhardt-verlag.de

Legasthenie: Das Standardlehrbuch

Christian Klicpera et al.
Legasthenie – LRS
Modelle, Diagnose, Therapie und Förderung
Unter Mitarbeit von Barbara Schmidt
4. aktual. Aufl. 2013. 337 S. 22 Abb. Mit 100 Übungsfragen.
utb-M (978-3-8252-4063-9) kt

Das Thema Legasthenie ist ein Dauerbrenner in der Lehrerausbildung. Mit Fragen zur Lese- und Rechtschreibschwäche (LRS) muss sich mittlerweile jeder angehende Lehrer auseinandersetzen. Das Lehrbuch antwortet anschaulich auf diese Fragen. Dabei werden Erklärungsansätze der Informationsverarbeitung, der akustischen Wahrnehmung, Neurologie, Biologie sowie soziale Ursachen diskutiert.

℞ reinhardt
www.reinhardt-verlag.de

Professionelle Konfliktlösung

Anja Köstler
Mediation
2010. 100 S. 2 Abb. 2 Tab. Innenteil zweifarbig.
utb-Profile (978-3-8252-3369-3) kt

Wie kann man verhindern, dass Konflikte eskalieren? Oft bietet sich die Mediation als professionelles Verfahren der Konfliktklärung und Vermittlung an. Dieses Buch führt in Konzepte und Theorien der Mediation ein und gewährt Einblick in die Arbeitsweise eines Mediators. An Fallbeispielen aus der psychosozialen Beratung, Nachbarschaftskonflikten, Teams in Firmen und Organisationen u.a. werden die einzelnen Phasen und Werkzeuge der Mediation erläutert.

ᛰ reinhardt
www.reinhardt-verlag.de

Erleben und Erlernen

Werner Michl
Erlebnispädagogik
2. Auflage 2011. 94 S. 15 Abb. Innenteil zweifarbig.
utb-Profile (978-3-8252-3606-9) kt

Lange galt die Erlebnispädagogik als umstritten, sie hat sich allerdings in der Praxis der Jugendarbeit, der Heimerziehung, der beruflichen Bildung, in nahezu allen (sozial-) pädagogischen Praxisfeldern durchgesetzt. Dieses Buch bietet eine Einführung in die wichtigsten Grundlagen der Erlebnispädagogik entlang der folgenden Fragen: Wie hat sie sich etabliert? Was wird ganz konkret an welchen Standorten angeboten? Für wen sind die Angebote geeignet?

ℝ reinhardt
www.reinhardt-verlag.de

Demenz: Verlust der Welt

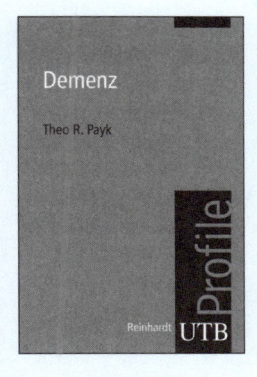

Theo R. Payk
Demenz
2010. 88 S. Innenteil zweifarbig.
utb-Profile (978-3-8252-3371-6) kt

Woran erkennt man den schleichenden Beginn einer Demenz? Erste Anzeichen sind auffälliges Verhalten und Erleben sowie verminderte Leistungsfähigkeit. Diese Symptome werden an typischen Fallbeispielen anschaulich erläutert. Es folgt ein Überblick über Untersuchungsmethoden und diagnostische Zuordnung der unterschiedlichen Demenzformen. Aktuelle Erkenntnisse und Hypothesen zu Entstehungsrisiken und -ursachen werden diskutiert. Schließlich werden Behandlungs- und Betreuungsmaßnahmen vorgestellt und rechtliche Fragen geklärt.

reinhardt
www.reinhardt-verlag.de

Grundlagen und Konzepte

Christina Reichenbach
Psychomotorik
2011. 112 S. Innenteil zweifarbig.
utb-Profile (978-3-8252-3046-3) kt

Psychomotorik ist Gegenstand in zahlreichen Studien-, Aus- und Weiterbildungsgängen. Dieses Buch bietet eine knappe Einführung zu theoretischen Grundlagen und Konzepten psychomotorischer Förderung. Jedes Konzept wird unter anderem hinsichtlich seiner theoretischen Bezüge, der Bedeutung des Spiels, seiner Ziele sowie seiner Praxisumsetzung beleuchtet.

reinhardt
www.reinhardt-verlag.de